李健吾年谱

李维音 著

山西出版传媒集团
北岳文艺出版社
BEIYUE LITERATURE & ART PUBLISHING HOUSE

图书在版编目(CIP)数据

李健吾年谱 / 李维音著. — 太原：北岳文艺出版社, 2017.9
ISBN 978-7-5378-5298-2

Ⅰ. ①李… Ⅱ. ①李… Ⅲ. ①李健吾(1906–1982)–年谱 Ⅳ. ①K825.6

中国版本图书馆 CIP 数据核字(2017)第 196840 号

书　　名：李健吾年谱
著　　者：李维音
责任编辑：左树涛
书籍设计：张永文
印装监制：巩　璠

出版发行：山西出版传媒集团·北岳文艺出版社
地　　址：山西省太原市并州南路 57 号
邮　　编：030012
电　　话：0351–5628696(发行部)
　　　　　0351–5628688(总编室)
传　　真：0351–5628680
网　　址：http://www.bywy.com
E – mail：bywycbs@163.com
经 销 商：新华书店
承 印 者：山西人民印刷有限责任公司

开　　本：787mm × 1092mm　1/16
字　　数：222 千字
印　　张：17.75
版　　次：2017 年 9 月第 1 版
印　　次：2017 年 9 月山西第 1 次印刷
书　　号：ISBN 978-7-5378-5298-2
定　　价：39.80 元

李健吾自传[①]

1906年8月17日，我生于山西省运城县北相公社西曲马村，自幼逃亡在外，我生在一个闹辛亥革命的家庭。当时山西省革命军从娘子关败退，父亲李鸣凤，字岐山，正好从陕西带援军赶到，大家推他做首领，他带领队伍一直打到运城，想和黄兴在武汉会师。不料宣统宣布退位，就接受了孙文的第十九混成旅旅长的任命，在运城屯兵下来。阎锡山非常讨厌他，勾结袁世凯，四面包围，遣散他的军队，把他押解到北京，组织特别军事法庭。所幸庭长是陆建章，想做陕西督军，知道父亲在陕西有声望，放了他，让他带路。陆建章是冯玉祥的舅父，当时是第十八混成旅旅长，后来就携手反对袁世凯称帝，父亲带兵打入山西，家被烧，四叔李鸣鹤被枪毙，所幸袁世凯也失败了，父亲就来到北京做一名陆军部的闲官。从这时起，我这个在外飘零的孩子（我一个人在津浦线上良王庄住过一年）就在北京师大附小上学。

阎锡山并不放过，第二次逮捕他。在押上火车时，被陆军部发

①他一生写过几篇与“自传”类似的东西，譬如1950年的《我的简历》，1958年的《自传》《走好第一步》。但那些都是在某种背景下写的，类似交代和检讨的材料，或过于简单，或有给自己扣帽子之嫌，只有这篇是在“文革”结束之后，在没有压力的情况下写成的。——编者

党，又在陆军部扣押了一年多，最后驳倒阎锡山一切诬陷不实之词，放他出狱。1919年，父亲在西安的十里铺，被陕西督军陈树藩埋下的伏兵暗害。我当时13岁。我一直保留着他的《铁窗吟草》，解放后，山西省文委把父亲归入辛亥烈士之列，要去保管，现在改为山西省政协文史资料研究委员会保管。

我的戏剧活动是在父亲遇害之后开始的。这时学生话剧运动蓬勃兴起。陈大悲从上海带来梳头娘姨（高妈），专帮人化妆。我在附小演戏，师大封至模一群大学生来看戏。那时没有女的，就约我合作，演陈大悲的《幽兰女士》之类的戏。从这时起，我演了几年的戏，以演旦角在北京出名，从北京大学一直借到燕京大学，熊佛西是我认识最早的剧作家之一。关于我演话剧的剧评，当时《北京晨报》常有。现任全国政协委员的郭增恺写了些剧评捧场。组织北京剧社，我这个孩子就成了发起人之一，其实它是一个空东西。后来陈大悲得到蒲伯英（即《北京晨报》老板）支持，创办戏剧学校，男、女生并收，开始有了女演员。我最早的习作，都是一些独幕剧，例如《工人》《翠子的将来》等。我这时已考入师大附中，学着写各样形式：短篇小说、新诗、散文，最早多在《晨报》的“文学副刊”刊载。这个副刊有个时期由王统照主编，即《文学旬刊》，他对我印象好，到我住的解梁会馆找我，我们之间建立了深厚的忘年交。附中时期，我的同班同学如蹇先艾、朱大枏……也爱好文学，我们组织曦社，在景定成（即梅九先生，安邑人，也是同盟会会员）主编的《国风日报》隔十天出一期《爝火》旬刊，没有报酬，能够发表写作，我们已经很高兴了。

师大附中最后一年，即旧制四年级，同学推我做学生会主席，那时政治活动频繁，记得为了反对一个姓马的教育部长，我和各大学的学生代表一道在国务院关了两天一夜。1925年，我考上新成立的清华大学，结束了我的政治活动，因为我害了肋膜炎（左右两侧），又感染了肺痨病，只能休养。我报的是中文系，分在朱自清先生的班里，他认出我来，劝我改读西洋文学系。毕业后，系主任王文显留我做助教。我在养病期间，写了《一个兵和他的老婆》（中篇）、《西山之云》（中篇）、《坛子》（短篇集）、《使命》和一部长篇小说《心病》，都私下里请朱自清老师看过。像《心病》，就由他介绍，寄给当时在上海主编《妇女杂志》的叶圣陶先生连载。

我后来抓住机会去了法国。1930年阎锡山战败下野。我于1931年回家埋葬父母，山西省省长商震让教育厅送我三千元，又得到一些亲友的帮助，我就把助教这个职位让给刚毕业的张骏祥同志（现在是上海市电影局局长）。我在清华读了四年法语（规定二年），老师的兴趣是我们的兴趣，读的是一些当时流行的象征主义诗歌。我觉得中国需要现实主义，便在巴黎以福楼拜为主要研究对象，展开学习活动。1931年，赶上"九一八"，我写了《中秋节》，寄回祖国，在《东方杂志》上发表，反对内战。后来"一·二八"起来，又写《老王和他的一伙》，发表在上海傅东华主编的《文学》上，后来收在《母亲的梦》（也是独幕剧）书内，反对内战，主张团结抗日。1933年回国，我写出了《这不过是春天》《梁允达》《村长之家》等戏，还写出了《福楼拜评传》（商务印书馆版）。我开始给巴金同志主编的《文学季刊》写稿，又给沈从文主编的《大公报·文艺》写稿。这期间我排演了清华大学西洋文学系系主任王文显先生的《委曲求全》，是东城青年会一些朋友找我演出的，我演戏里的董事长，还去清华演过一次。演女主角的马静蕴女士因恶性感冒而死，同台演出的现在只有魏照凤同志还活着，他是上海戏剧学院的教授。我后来还演了萧伯纳的《说谎记》（独幕剧），出丑的丈夫由我来演。女主人公是董世锦演的。这是我改演男角的开始。其后郑振铎同志到上海做国立暨南大学文学院院长，约我去教书，我接受了。这在1935年。我一到上海，巴金同志告诉我，上海方面有些人对我这个北方人来上海教书，不大满意，我就销声匿迹，在学校附近真如住家，只在学校认识到周煦良、马宗融、张天翼和陈麟瑞几位先生。“七七事变”后，我离开真如，搬到法租界居住，常到郑振铎同志家里，认识到阿英、夏衍同志等人。我在上海开始读鲁迅先生推荐的青年作家的作品，我边写书评，如叶紫、萧军、艾芜和夏衍等，边自己写戏、短篇小说以及散文，在陈望道同志的《太白》，林语堂、徐讦先生的《宇宙风》以及《文学》等刊物上发表。还把刘西渭的笔名借给阿英出《离骚》。上海影剧界人士走得差不多了，我的班上有一位女同学张可，约我和做地下工作的于伶（他是当时的文委之一）同志相识。我就这样开始了上海阶段的戏剧生涯，成为孤岛话剧的一员。于伶同志利用中法联谊会创办上海剧艺社，我写法文呈子，送到蒿山路。

在最初阶段，我们上演我译的罗曼·罗兰的《爱与死的搏斗》，导演是许幸之同志（现在是中央美术学院教授）。我们还上演了我的《这不过是春天》，由西禾同志（即电影《家》的导演）导演，由夏霞和我主演。我写成的《草莽》（剧本）上部，寄给巴金在桂林发表，现已改名《贩马记》，由宁夏人民出版社印成书，在发卖中。戏里写的是家乡一个秀才闹辛亥革命的事，有些材料便是从先父那里借过来的。《以身作则》一剧是讽刺道学家的，由张骏祥同志导演，在重庆演出，演员据说有沈扬同志（他已经去世）、耿震（他现在是中国实验话剧团的导演）等。上海方面也演出了，演员有蓝兰（她已在台湾死掉）等，导演是黄佐临同志（上海市人民艺术院院长、著名导演），我写的《青春》，即后来被人改编的评剧《小女婿》，则由费穆导演。上海沦陷，1941年年底上海剧艺社解散，出现了话剧商业化的口号。曹禺同志改编的话剧《家》，已经在上海剧艺社演过，我还在夏天主演了他改编的意大利独幕喜剧《正在想》，写一个江湖卖艺人“老倭瓜”。本来巴金同志约我改编《春》，后来西禾同志要和我对调，我同意了，改编了《秋》这个戏，动员大批人员，是佐临同志导演的。

佐临同志和一些同志如胡醒安（现中国青年艺术剧院的顾问）、李德伦（现中央乐团的指挥）等，这时创办苦干剧团，我把改编的《金小玉》即法国十九世纪后半叶的《萨尔都》的Toska男主角交由石挥同志饰，女主角由丹尼同志（即佐临的爱人）饰。我自己则演参议这个角色，演了一个月，上海日本宪兵司令部就把我拘捕了。出来时，我赶上看到莎士比亚的《麦克白》（*Macbeth*）。我为佐临改编的一出大悲剧，定名《王德明》，演出时名字改成《乱世英雄》，女主角是丹尼同志演的；一个是《阿史那》。这两个剧本，一个借用五代的王德明的历史事实，一个借用初唐突厥族的阿史那，我很下了一番心思，尤其是《阿史那》。但是没有机会演出，日寇投降，便在朱光潜教授与常风教授主编的《文学杂志》（商务印书馆版）上发表了。

日寇投降后，张骏祥同志和中电剧团来到上海，我改编《和平颂》，演出时名字改为《女人与和平》，并在《文汇报》上发表。这是阿里斯托芬的大闹剧，女人不要丈夫打内战，到阴间讨丈夫回来。我给戏里安插了一个修鞋匠，揭发统治区的官僚剥削，由沈扬同志主演。

同时，郑振铎同志约我主编《文艺复兴》杂志，我在上面发表了一些书评，还发表了两个剧本，一个是《青春》，另一个是根据席勒的《强盗》改编的《山河怨》。

我的写作方面比较杂，在各刊物上发表，如今都在整理中。但是，我在敌伪时期，一直埋头翻译福楼拜的小说，后来都印书了，可惜的是《萨朗宝》，译了几章，没有再译。我早就计划翻译莫里哀喜剧，上海解放后，开明书店出了八册。1954年，我脱离上海戏剧专科学校，转到文学研究所，才得以继续进行，后来选了六种，作为“世界名著丛书”，1963年在新文艺出版社出书。1964年秋，成立外国文学研究所，我改到外国文学研究所的法文组，在这之前，由人民文学出版社出版了我译的福楼拜的《包法利夫人》，现在人民文学出版社即将陆续付印有福氏的《圣·安东的诱惑》等书。

1950年年底，我和现任上海音乐学院副院长的周小燕同志等去参观山东老区，回来写了《山东好》，先在《解放日报》上发表，后来由平明出版社出了书。抗美援朝期间，上海剧专让我领导全校师生写作，共写出五个独幕剧，其中有两个是我写的，在华东各地演出，先在《解放日报》发表，后来出了书，叫《美帝暴行图》。我还学着写相声，为抗美援朝做通俗的宣传。

我在剧专任教时，给全校开“剧本分析”一课，深感教材缺乏，就从英文译出高尔基、托尔斯泰、屠格涅夫等戏剧集，凡是有人译过的，我就不译了。

转到北京后，和戏剧家协会接触多了，在同志们鼓励下，写了一些戏剧技巧、理论和剧评等。“四人帮”打倒，文艺解放，我虽年老多病，在心情舒畅之下，选了若干篇，定名为《戏剧新天》，现在已告绝版，改由戏剧出版社出版我的《戏剧评论选》（即将付印），并出版我的《剧作选》，由柯灵同志写“序”，由我写“后记”，两书都由巴金同志题字，因为我们是几十年的老朋友了。我还写了四个小戏，都收在《李健吾独幕剧集1924—1980》，由宁夏人民出版社出版，现已发行。1977年我又写了《1976年》，写“四人帮”，最后把天安门革命事件带进来。在1979年，我又写成了历史悲剧《吕雉》，都收在《剧作选》内。《剧作选》共收了九出话剧。戏剧出版社还计划出版我的《戏剧集》，把过去所做的戏，不分改编和创作，将收在一起。宁夏人民出版社将出版我的《文学评论选》。湖南人民出版社即将出版我的《莫里哀喜剧》全集，今年出版一辑，明年再出三辑，就算出齐了，据说全书定价6元。小说选与散文选即将由四川人民出版社出版。

我眼前的工作是写一部《巴尔扎克和其他现实主义各家散论》，有些篇已经零星发表。另外，在外国文学资料方面，我主编四本书：一本是《巴尔扎克论文学》，一本是《福楼拜书信选》。其中有我译的，有些将得之于各方面的协助。这都是人民文学出版社约我做的。还有一本是《法国十七世纪古典主义文艺理论》，这本书我正在编译，打算年底交稿，可能最先成书，将由上海译文社出书。还有湖南人民出版社的新版《福楼拜评传》，已经绝版了。

总之，我一生写作虽多都不成器，应时赶任务，不求工，只图一时痛快。还有一大堆小说，不知道哪家出版社要出。粉碎“四人帮”后，我觉得精神上浑身都是劲，只是体力跟不上了，人老了，76岁了，所幸我还活着，勉力做点什么，也感到快慰，一定要在新长征的道路上，跟着全国人民迈步向前。这就是我现在的一生。名之曰“自传”，不亦早乎？

1981年8月，北京

（载《山西师院学报》1981年第4期）

例　言

本年谱采用的多为第一手资料，并广泛参考了现有研究成果。入选年谱的著作和事件，凡知其年月日者，均按照时间顺序入谱；仅知年月不知日期者，入于本月末；无月可据者，则考订到季；仅知年而无法考订到季者，入于本年末。延续时间较长的同一件事，一般集中叙述。凡写作时间不可考者，按照发表时间入谱。

目　录

1905年　出生前一年

（光绪三十一年）

8月

本月，孙中山联合兴中会、华兴会、光复会成立“中国同盟会”，提出三民主义纲领。

本月，山西运城留日学生景梅九回国。之前，他不断邮寄革命书报给李岐山，促使李岐山走上了反清的革命道路。

本月，李岐山与景梅九在山西运城北大街开办了一个药店——迴澜公司。公司表面以制作戒烟药为名，实际上，在暗地里联络革命人士，商讨反清的革命策略，发行进步书刊。

1906年　出生

（光绪三十二年）

8月

17日，李健吾出生，乳名跟娃。母亲相竹筠，李岐山的大夫人，北相镇上一个孤儿，与李岐山婚后共生育三个孩子，长子卓吾（1898年生），又名李卓、李藻；女儿香草，大名李立彭，又名李立藻；李健吾是她的小儿子。她一生节俭、勤劳，支持丈夫参加革命活动。李岐山有一位二夫人，育有一女一子，女儿香菊，因病早故，小儿子李养吾为其遗腹子。

本年

景梅九返回运城，介绍李岐山加入同盟会，并在运城开设了汇文书店出售《国民报》《铁案》《晋城》等进步书报，受到广大群众的欢迎和支持。

1907年 1岁

（光绪三十三年）

年初

李岐山和景梅九的仲弟景静成相随到西安，设立据点，联合先进分子，组织秦晋联军。

秋季

李岐山转到太原铁路学校，以教员身份掩护其革命工作，在校旁开设大亨客栈，作为暗中联络革命同志的地方。

1909年　3岁

（光绪三十五年）

4月

20日，尤淑芬（李健吾的妻子）在无锡降生。其父尤乙照，无锡张家桥人，曾留学美国，归国后与童养媳王蕴玉（仅16岁）成婚。后携家眷到北京就职。尤淑芬为其长女。她有一个弟弟，尤炳圻。

1911年　5岁

（宣统三年）

10月

10日，武昌起义爆发。之后，李岐山赶往陕西，联络同志，路过家乡，嘱四弟李鸣鹤（字九皋）招兵买马，准备响应。

11月

李岐山率军与清军大战于娘子关附近的雪花山。

12月

月底，娘子关战役失败，太原失守后，李岐山召集学生队，收编从娘子关溃退的败兵，一路南行，到达河津，然后联络山西民军。各路义军公推李岐山为五路讨伐使，进军运城，在该地驻扎。

本年

本年，他脖子上长了一个脓疮，母亲抱着他，坐着马车去了北相镇，大夫用消过毒的长针，将脓包挑破，脓液引出，脓疮治愈，疤痕存留终生。

1912年　6岁

（民国元年）

3月

此时，溥仪已退位，共和告成，阎锡山返回太原。

7月

本月，李岐山被任命为山西第一混成旅旅长，少将军衔，驻守运城。

夏季

某日，李健吾母子从村里被接到运城父亲驻地，他第一次有了当少爷的感觉。

夏、秋之间

李岐山及其四弟李九皋（任马军统领）在运城郊外，西曲马村旁的大云寺所在地——鸣条岗——驻军，开垦荒地、放牧牛羊、开辟桑园，并在寺内创办义校——鸣条平民学校。

年底

李岐山遭阎锡山陷害（阎嫉妒李在晋南的威望，总担心李会取而代之），被逮捕，然后押解到北京，关在陆军监狱。李健吾随母亲又返回老家——西曲马村，依附他的爷爷。

1913年　7岁

（民国二年）

年初

李健吾被爷爷送入设在关帝庙的村学念书，开篇是《孟子》。

夏季

李岐山的主审官是陆建章，因为陆准备到陕西任职，想借用李岐山疏通与陕西民军的关系，于是草草结案，委以名义，派往陕西，为其今后主政陕西做准备。

1914年　8岁

（民国三年）

6月

本月，陆建章正式被袁世凯任命为陕西督军。之后，李岐山被陕西督军陆建章邀往陕西襄赞军务。李抵西安后，安排好住处，就派六弟接妻儿来团聚。李健吾第一次过黄河，到了西安。

夏季

李健吾被父亲送到其部下史可轩的家乡——陕西兴平县马堪村，跟姓史的一个叔叔念书，读《孟子》《论语》《左传》，随同的还有其七叔李少白和八叔。在那里，他被史可轩讲解的一本叙述古希腊英雄的小说《经国美谈》迷倒。

1915年　9岁

（民国四年）

夏季

李岐山听说袁世凯将称帝，决心响应蔡锷，举兵讨袁，为防不测，先派两名部下（这两个护兵后来成了他的散文《希伯先生》里的人物原型）将小儿子李健吾送到在津浦线上的一个小站良王庄当站长的朋友家里。在那里，他硬啃下了父亲送给他的一整套16本的《东周列国志》，从此，他终生爱上了历史这门学问。除了这套书外，他还在旧书摊上找书读。他对中国历史故事的熟悉，对他后来改编和创作剧本（如《吕雉》《阿史那》《王德明》等）起了相当大的作用。

冬季

为了讨袁，李岐山先与杨虎城等人在三原商定起兵，未果，后赴陕北，与陕西民军结合，率军东渡黄河，攻打阎锡山。不幸兵败，李岐山曾收编败兵于中条山，据险死守，最后只能单身逃亡北京，而四弟则兵败被俘。阎锡山勾结袁军，焚毁李岐山老家村中院落。

1916年　10岁

（民国五年）

3月

22日，在各方压力下，袁世凯宣布取消帝制。

6月

本月，李岐山恢复原职，做了一名陆军闲官，生活安定了下来，先把留在山西的家小接到了北京，然后把在良王庄的小儿子也接到了身边。

在北京，他们先是住在西河沿的大成店，后来迁至达志桥附近的代郡会馆。

9月

本月，学校开学，只上过私塾的李健吾被送入厂甸的北京师大附小三部上学，进的是二、三、四年级的混合班，先被安排在二年级，后来插入三年级，年龄还是比同年级学生大。

1917年　11岁

（民国六年）

夏季

为了省钱，全家又搬入在南城天桥附近粉房琉璃街五十号的解梁会馆，因为是家乡会馆，不用出房钱。李健吾的大哥李卓吾因不满父亲的家长作风，离家去了太原，入住太原中学学习。李健吾则转入北师大附小二部。

1918年　12岁

（民国七年）

夏季

阎锡山派兵到京捉拿原驻军晋北的续西峰（他当时住在北京宣武门外代郡会馆——据 徐士瑚《李健吾的一生》）。续闻风翻墙逃跑，却捉住了到访的李岐山。李岐山在被押至北京西车站时，高声喊叫自己是陆军部的官员，不能随便被抓，惊动了车站的巡警，阎锡山部下只得让陆军部来人把李岐山带走。李岐山二次入狱，当时被关在北京城北陆军监狱。家庭没有了经济来源，12岁的李健吾每周末不得不从会馆步行两小时，从解梁会馆携带酒食等到城北铁狮子胡同拘留所探望父亲。在此期间，阎锡山借口李岐山四弟李九皋是土匪，将其杀害。

李岐山在监狱被关一年，在狱中乘着酒兴，留下了《铁窗吟草》一书。

1919年　13岁

（民国八年）

5月左右

李岐山被无罪释放，恢复自由。其时，他同时受到冯玉祥和陕西陈树藩的邀请（因为李和民军关系良好，利于协调陈和民军的关系），李岐山经过慎重考虑，选择了去陕西。

夏秋之际

李岐山带着几个卫兵去了陕西，家小没有跟随（二夫人已有孕在身）。他一到西安就受到当地民军和于右任的热情欢迎，甚至有人分送他兵力，由他统率。如此种种招来了陈树藩的怀疑和妒忌，担心自己在陕西的势力会被削弱，特别是“他接受了阎锡山银币二十万作为杀李的酬金”（见徐士瑚《李健吾的一生》），于是寻找适当时机，准备杀害李岐山，而李岐山则浑然不觉。

9月

11日，李岐山被陈树藩邀去其家赴宴，三天后，在归返驻地的途中（西安郊外十里铺），被陈树藩秘密埋伏的杀手暗害，同时身亡的还有他的卫兵。（编者注：李健吾的《自传》、徐士瑚的《李健吾的一生》和其他涉及李岐山被害的时间均为1919年。可是，运城纪念馆的馆文和烈士纪念碑上的记载，李岐山是在1920年被暗杀。）

李健吾从此成了孤儿，随母亲和姐姐住在北京山西解梁会馆，靠父亲生前朋友放在钱庄里的捐款三千元的每月利息二十元，艰难度日。他的这种遭遇，使他终身痛恨封建军阀等一切恶势力，拒绝介入派系之争。父亲的英雄形象使他常常对国事热情满怀，但这种热情又往往没有用到点子上。这是他一生的矛盾之处。

11日，李健吾的大哥李卓吾进入北京民国大学，之后转入北京高等法文专修馆（中法大学前身）。

11日，李健吾北师大附小二部初级小学毕业，考入北师大附小一部高级小学，进入五年级。

1920年　14岁

（民国九年）

2月

28日，同父异母的弟弟李养吾（遗腹子）在北京诞生。

9月后

父亲不在了，李健吾无人管束，逐渐开始迷上了戏剧。那时看的是“文明戏”，他对一位演女角的男演员——胡根生，演的哭戏十分入迷。

年底

其兄李卓吾以中法大学勤工俭学身份赴法国勤工俭学，同去的有陈延年兄弟。他在法国待了9年，勤工俭学，并结识了巴金（两人都曾信奉过安那其主义，即无政府主义）。

1921年　15岁

（民国十年）

春季

李健吾，小学六年级，受到在燕京大学上学的熊佛西的邀请，出演话剧《这是谁之罪》。演技之佳（扮演女角），救活了这场戏，受到熊佛西的诚挚感谢。熊佛西是他结识最早的剧作家。

夏季

李健吾以文科总分第一，考入北师大附中（俗称厂甸附中，四年制），当时是男女分班制。

11月

早年，从事爱美戏剧理论和实践活动的陈大悲从上海到北京发起组织实验剧社。李健吾为发起人之一。

1922年　16岁

（民国十一年）

1月

2日，北京大学的封至模邀请李健吾扮演陈大悲的《幽兰女士》中的丫鬟，扮演极其成功，从此闻名北平。此后，他不断受到邀请参加话剧演出，担任女角。

12月

本月，三位爱好文学的同班同学：李健吾（在曦社，他用的名字是李仲刚）、蹇先艾和朱大枬，联络一些同学，组织了一个文学社团：曦社。他成了该社的重要组织者。

冬季

陈大悲与蒲伯英接办《戏剧》月刊，在北京创办北京人艺戏剧专门学校，开始招收女生。

1923年　17岁

（民国十二年）

2月

10日，曦社主办的不定期刊物《爝火》创刊号出版，由他执笔写了发刊词：

> 惭愧！我们真太不自量力了，竟然捧着些无名的野花掺入花之园里。
>
> ……
>
> 我们真是可笑，都是18岁以下的孩子，也不配谈学问，也不配讲经验；支持着天真烂漫的童心，写出自鸣得意的字。好了，是我们的小孩子的成绩，坏了，还是我们几个小孩子的成绩。原是我们清脆的哈哈的笑声，和娃娃的哭声！
>
> 不过，笑声和哭声终于挤在一起，自然穿过这堵墙的那边去了。

在同期，发表了《社务报告》，介绍曦社的组成过程、成员的变化、聚会会址的选择和每次会议情况。最后说：“将来《爝火》发行以后，也可算我们曦社一个小小的表现。这细微的成绩，也还是我们曦社的一种出产。”在该报告最后，给出了《爝火》每册的售价：贰角。

在该期末页的角落有最后两行：“注意：愿登本刊广告者，请与粉房琉璃街50号李仲刚接洽。”这个地点正是他当年的居住地。

在该期，他以仲刚落款发表了第一篇小说《萤火虫》（童话）和第一个剧本《出门之前》（独幕剧）。

3月

本月，李健吾参加了陈大悲的在新明戏院上演的五幕剧《英雄与美人》。因为陈大悲的戏剧学校培养出了女演员，这是李健吾最后一次扮演女角。

5月

本月，由曦社提议，蹇先艾出面邀请，学校在李健吾所在的班级教室内组织了徐志摩的演讲，题目是《诗人与诗》。

6月

本月，王统照接手了《晨报》的副刊《文学旬刊》的编辑工作。

7月

1日，李健吾在《爝火》第二期上发表了《编辑余谈》，写道：

我们虽然努力，怕也有力不如心时，所以非常欢迎社外的同志拿自己的创作或翻译的作品寄给我们登来！文艺是快慰一切的有双翼的天使！文学似一条光明坦途，前面蓄有无限的鲜妍的花！——这正是大家的事！

可怜我们只是几个穷学生，也不敢说什么金钱报酬，这要请投稿者鉴谅的！——谅诸君也绝不介意于此。好在我们将来能出到多少期，便将多少期的《爝火》给投稿诸君做小小的报酬。

实际没有报酬，第二期之后就停刊了。

在该期上刊载了他的小说《母亲的心》，一位年轻寡妇不仅耳边充斥着各种闲言碎语，又要忍受失去孩子的痛苦。文章不长，情节简单，却充分展示了一位在丈夫故去后，把全部身心都放在孩儿身上的母亲的内心。李健吾过早地失去父亲，整个少年时期都是靠着母亲的操劳度日，他对母亲观察的细致，对母亲辛劳的理解，见于他的多个作品。

在同期，他还发表了他的第二个独幕剧《私生子》和散文《文——信——在石景山》（五封信，笔名仲刚），第一封信前引了威廉·霍夫童话中的一节话："悲哀是一块石头，他压倒孤独的人。但是——两个人就容易负担了他走路。"然后，起头就是"唯一的弟弟，吾爱"，五封信叙写了他在石景山的游历和对弟弟生活、学习的关切 。失去父亲，哥哥又远在国外，他对这同父异母的弟弟有着深深的骨肉之爱。

夏季

北师大附中来了一位新的体育老师，兼教国文，还担任女子部主任，这就是刚从北京女子高等师范学校体育系毕业的石评梅。李健吾听说她是山西人，就去和她相认。

石评梅教体育，喜爱文学，和李健吾的兴趣相当，两人十分投缘，因为李小石四岁，自认为小弟弟，但是称呼却永远是先生。

8月

原来期望有三期和多期的《爝火》旬刊，结果两期后停刊。李健吾找到父执景梅九，让他主编的《国风日报》发行《爝火》旬刊。

11月

10日，在《爝火》旬刊上，他发表了署名为“刚”的《我们如此说》。但是不久《国风日报》停刊，《爝火》旬刊也就终止了。

12月

31日，在王统照主编的《文学周刊》上发表《献给可爱的妈妈们》（散文诗），这是他在正式刊物上发表的第一篇文章。文中，母亲的原型就是他自己深爱的母亲，事迹也是自己的家史。

王统照很喜欢他的作品，专门到解梁会馆去找他。从此，王成了他的亦师亦友。

1924年　18岁

（民国十三年）

1月

11日，在王统照主编的《晨报副刊·文学旬刊》第23号上，发表了李健吾写的短篇小说《曾祖母和狼》：村民们听说有野狼出没，吓得都躲在家里，一位勇敢的老太太，深夜坐在自己的庄稼地里，阻止狼的袭击。狼虽咬死了她，却没有窜进各家家门。

17日，北京师范大学附中邀请鲁迅到校演讲，他聆听了鲁迅的《未有天才之前》。

3月

1日晚十点，李健吾完成了独幕剧《工人》，依据的就是他在天津良王庄观察的铁路工人的生活。

21日，《一位妇人的爱情》（书信体小说）载《晨报·文学旬刊》第29号。

5月

8日，李健吾参加新月社举办的庆祝泰戈尔64岁生日戏剧晚会。

6月

11日，独幕剧《工人》在《晨报副刊·文学旬刊》第38号上刊出。

9月

1日，《柳木匣子》（小说）在《晨报副刊·文学旬刊》第46号上刊出。

11日，《侦探兵》（小说）在《晨报副刊·文学旬刊》第47号上刊出。

本月，李健吾当选北师大附中学生会主席。在中学期间，他不仅参加演戏，而且参与各种球类活动，曾是北京市排球中学锦标队的成员，打二排左中（据贝璋衡《悼亡友李健吾》）。这种活跃的性格，后来因病，年岁增长而有所变化，但是晚年抱着电视看中国女排比赛到深夜，还留着他当年在运动场上的热情。

11月

13日，《现在的朝鲜西部》载《国风日报·学汇》第418期。

15日，《饶恕》（书信体小说）在《晨报副刊·文学旬刊》第53号上发表，写一个16岁的少年，因情窦初开，影响上课，向他深爱的母亲忏悔的事。

12月

15日，李健吾以父亲的事迹和早年听到的传说为基础，写成了短篇小说《终条山的传说》，在《晨报副刊》上发表。该文于1935年，被鲁迅收入《中国新文学大系·小说二集》。

本年

为提高英语水平，李健吾在家里请了一位英语家庭教师——朱厚锟，后来成了他的姐夫。

1925年　19岁

（民国十四年）

3月

12日，有了英语家庭教师后，李健吾对翻译产生了强烈的兴趣。在这一年，《京报·儿童》副刊从第12期开始刊载他译自英国儿童故事作家贝德未尔的系列童话，当日发表的是第一篇：《农夫的麦田》，在文末，他特别注明“健吾译予侄女”。侄女即他大哥的大女儿李闻新，叔侄关系非常亲密。

19日，《京报·儿童》副刊第13期刊载了第二篇译文：《指时的花儿》。

21日，在《晨报》副刊上发表新诗《领花》，这是李健吾写的第一篇诗，每一段的开头都是：“爸爸，醒来，……”作为孤儿的他，思念自己的父亲，说起自己：“儿却从胡地产出；……”这首诗表达了他对父亲忐忑的新爱：“……但，儿未曾带来胡儿的勇气，只有一副战栗的小心肠啊；将落瓣埋在儿的衣袋吧，我的父亲。”落款“醉于川针”。川针是传珍的谐音。进入青春的他正热恋着一位名为张传珍的同学，北洋政府司法总长张国淦的女儿。

暮春

某日，李健吾携友同游陶然亭，见到了为石评梅所深爱的恋人，一名共产党员，高君宇的墓碑。朋友将自己了解的石评梅与高君宇的恋爱故事细细地告诉了李健吾。后者听后深感震惊，促使他从心里对性情沉静而刚毅的评梅老师更加尊敬了。

5月

15日，李健吾的《闲人》在《晨报副刊·文学旬刊》第70号上刊出。

21日，《京报·儿童》副刊第22期上刊载了李健吾的译文《罗鹿和吉尔》。

28日，《京报·儿童》副刊第23期上继续刊载译文《白发王子》。

30日，上海发生“五卅”惨案，工人罢工，学生罢课，商人罢市。李健吾与蹇先艾等其他同学也走上街头参加抗议活动。李健吾的姐姐和姐夫也走上街头，姐夫朱厚锟头部被打伤。

6月

4日，《京报·儿童》副刊第23期刊载李健吾的译文《寻找的一夜》。

11日，《京报·儿童》副刊第24期刊载李健吾的译文《诚实的颈项》。

7月

25日，李健吾的小诗《邻花》在《晨报副刊·文学旬刊》第76号上刊出。

本月，李健吾为反对当时的教育部部长马叙伦，去国务院参加了抗议活动，因此被关了一天两夜。

本月，《晨报副刊》第68期发表了李健吾的小说《多事的兄弟》。这篇小说别致地暗示了，他在他姐姐和姐夫的婚恋之间起的传信作用。

本月，李健吾中学毕业，考入清华大学，和他同时考入的山西学生还有徐士瑚和冯伴琴。他读的中文系，系主任是朱自清先生。

8月

6日，《京报·儿童》副刊第33期继续刊载李健吾的译文《白皮怎样得救》（童话）。

20日，李健吾最后一篇翻译的童话《金刚石的水杓》在《京报·儿童》副刊第35期上发表。

9月

本月，李健吾到清华大学报到时，清华戏剧社的社长何一功在校门口迎接他。

上课的第一天，朱自清点到他的名，知道了他就是经常发表作品的李健吾，当时就建议他转读西文系。

10月

本月，徐志摩接办了《北平晨报》副刊，使得他和蹇先艾等有了发表诗文的地方。李健吾的诗作《一个妇人的堕落》在徐志摩主办的《北平晨报》副刊上发表。他还参加了徐志摩主持的诗会“新月社”。

11月

8日，在《清华文艺》第1卷第3号上发表短篇小说《贼》（笔名川针）。但是，考入大学后，那位张传珍的女孩子就不再见他了，他是寂寞的，寂寞的初恋。

本年

写成了散文《心底的呻吟》，该文曾被朱自清批注，“写得出”。文中写道：

> 谁能告诉我？哦，灯下的孤影。
>
> ……
>
> 有人在院心徘徊，的确，低低的，正好和我心里的孤寂应和；迟疑一下，我轻轻地推开窗户，外面是这样的漆黑。
>
> 一条什么影子在我眼前消逝了。
>
> 又是一阵风，好像要在我耳根叹息，叹息长途的漠漠；这奇怪的生客，我把他关在窗的外面。我坐下，又听见种种的呻吟……什么东西在我脚底下吱吱地叫唤？——好大的诧异，这小屋那里有了生命！

我弯下了腰，瞥见些什么；呵，原来一片嫩绿的小叶……可怜你这浪子的生涯！

……

这些神秘而永久的静响，深深埋在我的心底。

1926年　20岁

（民国十五年）

2月

8日，为了给他最心爱的侄女儿李闻新增岁，完成了一个童话小故事：《一个极小极小的老鼠》。

本月，为筹措清华大学第二学期学费，李健吾到天津寻找父亲过去的朋友续西峰。续西峰过惯夜生活，一整宿躺卧在烟榻上与人聊天，他给了李健吾五十块钱。李健吾不便离去，整夜陪坐。清晨，李健吾买了站票回京，在寒风中立在车厢门口，三天后高烧病倒：肋膜炎（即肺炎），一侧好转，另一侧又发病，从肋膜炎转为肺结核。他先在校医院治疗，“随后又转向协和、首善（首善医院当时以治肺病出名，位置在今人民大会堂西侧），移向家中，只为求得病好，妈妈通宵伺候在我的床边”（见《西山之云·序》）。这次的疾病改变了李健吾原来爱活动、爱张罗的性格，开始习惯于寂寞，埋头读书、写作和独自散步。

在全休和后来的半休期间，李健吾完成了大量的小说、诗歌、戏剧和翻译，其后不断在《清华周刊》《清华文艺》等刊物上发表。

4月

本月，李健吾完成小说《一个妇人的堕落—— 一封信》。

5月

本月，李健吾完成第一部中篇小说《西山之云》。蹇先艾评价这本小说，认为结构好，但是“大学生居然爱上一个乡下村女，这是很少见之事，而且把村女的程度也写得太高了，对话有点生硬不自然”（见《西山之云·序》，载《弘毅》第2卷第5期）。

6月

4日，小说《一个妇人的堕落——一封信》及两部独幕剧《翠子的将来》《母亲的梦》同载清华周刊社编的《清华文艺》。早年的作品已经显示了他写作的特点：没有一点知识分子味儿，一色的京腔，善于用台词表述人物的心理。

10月

18日起，《关家的后裔》（小说）在《北平晨报》副刊第1459—1461号上连载。这篇小说他很看重，是一篇运用弗洛伊德的精神分析学说来刻画人物的小说。

10月

26日，李健吾的《在黑暗里，没有分别的》（小说）载《清华周刊》第26卷第3期。

12月

17日，李健吾的《私情》（小说）载《清华周刊》第26卷第11期。

24日，李健吾的《命运》（散文）载《清华周刊》第26卷第12期。

本年

李健吾带病被聘为《清华周刊》编辑。因受到校长不够公平的指摘，曾递交辞职信一封，经总编辑挽留，辞职未成。

本年经王统照介绍，加入文学研究会。

1927年　21岁

（民国十六年）

1月

22日，《红被》（即《猎》，小说）在《晨报副刊·文学旬刊》第64期发表。

2月

25日，《进京》（独幕剧，署名“吾”　）载《清华周刊》第27卷第2期。

3月

本月，《囚犯之家》（独幕剧），载《弘毅》第2卷第3期。

4月

13日起，《赌与战争》（独幕剧，即《母亲的梦》）在《晨报副刊·文学旬刊》上连载。这个早期的剧本，曾被伦敦大学的波拉得教授誉为“小小的杰作”，讲述一位可怜的大儿子早已去世的母亲，二儿子却在战场上死去，最后的一个儿子又染上赌博的恶习被抓捕，战争和赌博扑灭了本已破碎的母亲的梦。通篇都是一个“情”字。

5月

6日，《清华周刊》第27卷12号上刊登了李健吾的译作剧《月亮在升起》（[爱尔兰] 格里高利夫人著)。

6日，为准备出版的小说集《西山之云》写了序，此序写于清华大学校医院中。

13日，《月亮，红薇，布谷》《三郎》（诗歌，均署名“可爱的川针”）载《清华周刊》第27卷第13期。尽管他仍然用“川针”作为笔名，还加上了“可爱的”，以后的多篇诗作也还曾用过“川针”，但女方的绝情，对李健吾在感情上有很大影响，“月亮，红薇，布谷，今日化作一人，为我的往日，许久许久，我失去她，这里那里都寻不见她”。

他一生中对许多稿件都随身乱放或送朋友，而这类诗作却一直妥善保存。这一行为可以看作是他对诗歌的喜爱，也可以看作他对纯真感情的怀念。徐士瑚“曾劝他痛下决心，割断情丝，或者另找女友，或者仿效歌德将自己的失恋痛苦发泄在写小说上”（见徐士瑚《李健吾的一生》)。但是，他没有这样做。

7月

23日，李健吾的《最后一信》（诗）载《现代评论》第6卷第

137期。在诗中，表述了他与过去的恋情决断的心情。

9月

23日，《清华文艺》第1期刊载了他的译作《杜康·格瑞》（诗，［英］彭斯著）和署名“川针”的小诗一首《乘驴》。

10月

1日，《影》（小说）载《语丝》第151期。

14日，李健吾的译作《美丽的海蓝》（诗，无名氏作）载《清华文艺》第2期。该期同时刊载了他的童话《一个极小极小的老鼠》。

28日，《慈善机关：为刘明墀逝世作》（散文，署名“川针”）载《清华周刊》第28卷第6期。文中，李健吾充分表达了他对患病逝世学生的同情（他自己患着病），谴责清华医院与协和医院救治不到位的非慈善行为。

秋季

他听从了朱自清先生的建议，改入西洋文学系，退了一级，从二年级上起。系主任是王文显先生。愿意师从王文显先生，还因为王先生爱好戏剧，与他情趣相投。尽管离开了中国文学系，他依然不断找朱自清先生修改他的作品。

11月

4日，《过巴沟桥西行》（散文诗，署名“川针”）载《清华文艺》第3期。

5日，他与朱自清合译的《为诗而诗》（［英］Bradly著）的第一段发表在由朱自清推荐的《一般》月刊的第3卷第3号上。此刊物为上海立达学会编辑，主要成员有夏丏尊、丰子恺等人。原作很长，他们只完成了第一章的前两段。

上述文章的第二段译文刊登在《一般》第4卷第3号上。

25日，《蹇先艾先生的〈朝雾〉——读后随话》（书评）载《清华文艺》第4期。这是他最早的一篇书评。他对作品的评价不随大流，别人说好的，他不一定看得上，如《朝雾》中的《狂喜之后》；而别人不注意的，他却有可能认为是最好的，如《水葬》和《伴侣》，特别是《水葬》，他赞赏小说有“诗意”，给读者以“浓郁的趣味”。而最后被鲁迅收录《中国新文学大系》的蹇先艾的小说，就有《水葬》。在这篇文章的第二部分，借着他人对《狂喜之后》的偏好，李健吾对当时的文坛现状给出了尖锐批评：“我们在表现自己，满足自己；在这以外，我们还很少发现写小说底新的使命。”小说不是以篇幅的长短而论。他批评一些小说：“表现得不是人类主宰的真情，只是一些诱人的伤感主义罢了。”“做小说不是专利，只有潜心努力的成功。”

1928年　22岁

（民国十七年）

年初

民国政府确定李岐山为山西省辛亥革命先烈，每年给予600银圆的抚恤金。经母亲同意，此款全部捐出作为鸣条平民学校的资金，后改名鸣条义校。

2月

《北平晨报》刊载了他作于1月26日的诗作《反正》，用的是本名，是对过去感情的彻底清算：

> 毁了天再灭了她，她不爱我了真遭殃！我咬住下唇，颤如叶，手里酒杯碎得叮当，这勾起她的新笑窝。——残虐！残虐！你这一双！

3月

本月，《西山之云》（小说集，收入了《私情》《红被》《关家的后裔》《西山之云》等4篇小说），由北新书局出版发行。《西山之云》是李健吾的第一部中篇小说。

4月

本月，李健吾的译作《给一只老鼠》（［英］彭斯著）在《文学周报》第6卷总第310上刊载。

春季

某日，计划与蹇先艾合伙编辑一本双月刊《北京文学》，在附中教国文的老师介绍石评梅也给这个刊物写稿。

某日，该刊物主编约了部分撰稿人在中山公园里的柏斯馨咖啡馆喝茶，石评梅也参加了。茶话会后，石评梅寄来了两篇稿子。

5月

本月，《陷阱》（小说）在《晨报副刊》上连载（26日、28日、29日、30日、31日）。

6月

本月，《北京文学》创刊号上发表了他的独幕剧《生机》。

7月

25日，李卓吾到京，带着弟弟和他的同学（朱大枏等）一起游览中央公园，李卓吾给他和同学们一起合了影。

夏季

某日，李卓吾（李健吾大哥）从法国回国，在南京政府的卫生部负责统计工作，同时在南京办了一个印刷所：岐山书店。母亲前往，与长子同住。姐姐随姐夫已于头一年去了贵阳，并在那年服毒自尽，具体时日和具体原因从未听李健吾提及。

8月

13日，李健吾在《清华消夏周刊》第6期上发表了《送别暑期体育学校师友》。

19日，《小小的田鸡》（诗）载《文学周报》第7卷第5期。文后，再次说明写给侄女，可见李健吾对他大哥的这位大女儿的宠爱。

本月，在《北京文学》第2期上发表他的中篇小说《一个兵和他的老婆》的前两章和他写的《编辑杂谈》。后来刊物突然停办。

9月

18日，石评梅突然发病。

30日，石评梅病逝，年仅26岁。去世后，朋友们按她的意愿，将她安葬于陶然亭她的恋人高君宇的墓边。

本月，李健吾当选清华戏剧社的社长，上任后立即张罗戏剧的演出。

10月

13日，北师大附中举行石评梅追悼会。会上，李健吾做了题为《评梅先生及其文艺》的发言。

24日，感人至深的《悼评梅先生》首先在当日《晨报副刊》上发表，后收入蔷薇社编辑、世界日报社印行的《石评梅纪念特刊》。

《大公报·戏剧》（10月24日、31日，11月7日、14日、21日、28日，12月5日）连载李健吾对中国戏剧的长篇评论文章《关于中国戏剧》。

年底

完成他唯一的长篇小说《心病》，写成之际正是他亲爱的母亲病逝之时。这是一本在当时中国少有的以人物心理为描述对象，采用意识流的手法创作的小说。

本年

李健吾当选为清华大学外国语文学系三年级学术委员。

1929年　23岁

（民国十八年）

1月

月初，在与中学好友蹇先艾、朱大枬等一起游览中山公园时，李健吾激动地谈到中国文学界的翻译状况。

4日，李岐山的《铁窗吟草》在岐山书店出版。李健吾在清华大学宿舍含泪写成“后记”，附于该书。在“后记”中，他记下了自己在父亲被暗害后的心情和生活的艰难：

> 呜呼，逝者之心，岂真能有所安耶？方先父噩耗之传来也，同居故都者仅母姊及我三人，相依为命，刻苦守贫，每以先父奋斗之精神为精神。中间姊弟俱辍学者数十百次，而老母操劳灶下，愁一日之两餐，……呜呼，吾书至此，泪下乃不克自止，如云雾蒙两眸，笔震颤亦不复为字，……

父亲的精神、母亲的操劳、生活的艰难对李健吾一生的影响极为深刻。

11日，李健吾将自己与同学的谈话整理成论文《中国近十年文学界的翻译》。这篇文章充分展示了他在文学评论方面的才华，年轻却有见识，更有勇气。他把矛头指向了鲁迅、周作人等只从事译介弱小民族的作品的情况，还批评了不少译者缺乏学者的渊博知识，并指出了这些问题产生的根源。

2月

2日，《中国近十年文学界的翻译》在《认识周报》第1卷第5期上发表。

3月

2日，李健吾的小说《又一身》载《认识周报》第1卷第7期。

9日，《秋暮》（诗，署名“李川针”）载《认识周报》第1卷第8期，诗中表述了他对初恋的检讨：

> 我的过错！是生在这烦嚣伪诈的尘世；它把光明给我，光明是椎心黑暗的虚影；它赐我以幸福，犹如漏滴，由漏斗中下滴；哦！它把爱情给我，带着她的虚荣与毡腥。这一切过去，仿佛午日青春，刹那的幻想，在心上所遗下的是黄昏，暮秋，我的黯郁。

16日、19日，李健吾分别组织公演了王文显的英文原版戏《媒人》（*The Go between*）和《白狼计》（*The White wolftrap*），由王文显亲自导演，演出相当成功。

4月

13日，《清华周刊》发表了李健吾的《戏剧社本届公演的前后》并附上公演支出清单。

27日，《最后一个梦》（小说），载《认识周报》第1卷第3期。

6月

本月，《一个兵和他的老婆》（小说集，收入了中篇小说《一个兵和他的老婆》，短篇小说《陷阱》又名《买卖》，独幕剧《赌与战争》又名《母亲的爱》），由李卓吾开办的岐山书店刊印发行。

7月

24日，李健吾在《清华周刊》上发表署名“川针”的散文《钟声所引起来的》。

8月

7日，《两间房子》（小说），载《清华周刊·消夏周刊》第29卷第3期。

9月

15日，李健吾在《新文化》第1卷第1期上，发表给徐霞村的公开信《关于〈古国的人们〉》，同时刊登有徐霞村的回信。李健吾在对这份作品的评价中，已开始显露他诚恳、直率的批评风格。

12月

7—9日，《华北日报》副刊连续刊登李健吾的译文《诗与人生》（[英] 埃尔顿著）。

30日，诗作《三个爱我的女人》（手稿名为《三个女人——妈妈、姐姐和另一个》）载《华北日报·文艺副刊》第236号，署名李健吾。他写他的母亲："我见过二百八十一个月 / 她的爱超越年月 / 我的母亲使我这样欢悦 / 她的爱超越欢悦。"姐姐自杀，他在诗中写道："有一个女人在别的世界 / 她是芍药/ 我是绿叶 / …… / 有一个女人在别的世界她的爱超越世界。" 而那个女人已离他而去，他彻底中断了这段感情："听我说 / 听我说 / 有一个女人像寒宵的月/ 春天的红 / 冬天的熟 / 秋天的花 / 夏天的雪 / 就在昨天她埋葬了我十年的青春 / 离群的羊 / 断弦的琴/ 就只因为 / 她变了心 / 有一个女人像寒宵的月 / 她的爱整整十月。"从此以后，"川针"的笔名不见了。

1930年　24岁

（民国十九年）

5月

30日，《清华周刊》第33卷第9期上刊载了他的短篇小说《末一个女人》。

6月

本月，李健吾从清华大学外国语文学系毕业，穿上学士服并留了影。当年的《清华纪念册》刊发了李健吾写的《自志》：

> ……我的理想常常败于环境……变成忧郁了。……在做事上，我的精神是“一以贯之”，这或者是我向来得力的原因，即是我愚呆的佐证。

本月，毕业后，他被王文显先生选定留校做了系主任助理。

夏季

尤淑芬从北师大女附中毕业，考入清华大学化学系。

9月

本月，《无名的牺牲》（其中收两篇《无名的牺牲》署名为分别“李卓吾”“李健吾”，另一篇是《牧羊小史》）由岐山书店出版，卷首“序言”中说：“把两篇印成一本小册子，为我们兄弟的合作留一个良好的痕迹。”

10月

27日，《进行曲》（诗），载《骆驼草》25期。

31日，《华北日报》副刊发表了他在熊佛西的《诗人的悲剧》公演时，对该作品的看法，算是早期的评论文。本着直话直说的本性，他认为熊佛西的戏剧写得不成功。

本月，由徐士瑚的女友出面，介绍李健吾与尤淑芬相识，并且开始来往。

本年

完成了王文显先生的英文剧本《委曲求全》（*She Stoops to Compromise*）的翻译工作。

1931年　25岁

（民国二十年）

1月

10日，《东方杂志》28卷1号单独刊载了李健吾翻译的短篇小说《坛子》。

本月至11月，他的长篇小说《心病》经朱自清先生推荐，在叶圣陶主编的《妇女杂志》连载。这篇小说出版后，朱自清先生专门写了评介文章称道，作者不以故事为主而侧重描写心理，这样的作品不多。

年初

李健吾辞去清华大学外国语文学系主任助理职务，准备去法国学戏。在这之前，他在清华大学学习了四年法语（法语是他选择的第二门外语，当时学校规定的第二门外语是两年，他自愿选择了四年），第一年学语法，第二年学习短篇小说，第三年学习戏剧，第四年学习法文诗。老师是美国人温特（Winter），这位美国老师深爱法国文学，特别是福楼拜的《包法利夫人》。李健吾深受影响，曾认定福楼拜是现实主义者，而自己又认为中国需要的是现实主义，故而选择了到法国专门研究福楼拜。

4月

15日，《囚犯》（诗）发表在《清华中国文学会月刊》第1卷第1期，同期还刊出了《在第二个女人的面前》（小说）。

本月，阎锡山因中原大战失败下野，离开太原，山西省政府主席由李岐山过去的好友商震担任。过去因阎锡山的原故，其父李岐山的遗体始终未能入土安葬。此次，形势发生变化，由商震出面斡旋，当地政府决定在西曲马村外大云寺所在地辟出一块土地，作为李岐山烈士陵园，同时安葬的有李岐山的四弟李九皋。

李卓吾、李健吾兄弟俩决定扶柩为父母安葬。安葬大典十分隆重，于右任、冯玉祥等人送来挽联，由陕西省主席杨虎城派人主持。李岐山墓碑由同盟会会员张继刻字：辛亥先烈陆军少将李岐山之墓。

大典过后，李健吾去西安，面谢杨虎城将军，杨听闻其欲赴法留学，当即赠送五百银圆作为旅费。从西安到太原，叩谢商震，商震责成教育厅批他三千银圆，资助其留学。

李卓吾辞去伪政府中的一切工作，与友人到陕西，他专职于铜川高堡镇的煤炭运输业务中的统计方面的工作。

本月，尤淑芬因为李健吾病后的形象不佳，逐渐减少了和他的来往。李健吾的中学同学王振儒出面，与尤淑芬谈了李健吾孤独的生活，引起了尤淑芬的同情，又开始了来往。

本月，《坛子》（小说集）问世，由开明书店印行，其中收了九篇小说，短篇小说有《影》《在第二个女子的面前》《最后一个梦》《猎》《机关车》《坛子》《又一身》《末一个女人》，中篇小说《一个兵和他的老婆》。

5月

本月，好友朱大枬逝世一周年，李健吾写成“朱大枬”一文，即为后来的“朱大枬的诗”，收入《咀华二集》。他在这篇文章的最后写道：“让我们青年永远记住这不行的诗人，为了哀悼，为了自惕。”在“附记”中说：“朱大枬属于一种隐晦的才分，有才分而隐晦。”

7月

本月，与尤淑芬正式订婚，此时尤淑芬已转入清华大学经济系。

8月

月初，万事俱备，后顾无忧，李健吾准备出国，出国经费除杨虎城、商震的资助外，还有其七叔李鸣鹫（字少白）给予数千元的资助，另有自己做助教所积攒的少量经费。

22日，李健吾与朱自清、徐士瑚一起在前门火车站启程赴欧。途中，他们游览了沈阳的北陵和故宫、哈尔滨的特市公园和松花江。

26日，李健吾与朱自清、徐士瑚从满洲里登车，过黑龙江，进入西伯利亚，饱览西伯利亚的特色景致。

9月

2日晚7点，三人从莫斯科匆忙登上即将开赴波兰的火车。

3日，从波兰转车经柏林直抵巴黎。

5日，抵达巴黎后，李健吾与朱自清、徐士瑚分手，他们去了英国。

本月，李健吾进入巴黎语言专科学院现代法语高级班。

年底

李健吾的热情和激愤促使他提笔完成了三幕剧《火线之外》(后来曾改名为《信号》)，抒发了对国民党不抵抗政策的愤懑和亡国的忧虑，寄回国内。

1932年　26岁

（民国二十一年）

1月

28日，上海闸北日军突然发起攻击，守军国民党第十九路军顽强抵抗，没有一丝后退，最后日军被迫停止进攻。

本月，李健吾通过巴黎语言专科学院现代法语高级班考试，取得优异成绩，正式结业。

2月

本月，李健吾转入巴黎大学文科学习有关课程。他并没有真正在法国上学，而是按着原定目标在图书馆研读福楼拜的小说和各种资料，开始写他的评论和翻译。得空去伦敦，由朱自清陪同参观。

5月

14日—6月5日，朱自清从英国到巴黎游览，李健吾抽空陪同。朱自清阅读了他写《火线之内》，说：“他的想象能力很够用；这里

不是一本有声有色的戏!”（据韩石山《李健吾传》中引用的朱自清《火线之内·序》）

为了对三幕剧《火线之外》中所附的一首歌词“出征歌”进行修改和配乐，李健吾将歌词单独寄回国内，登载在21日出版的《清华周刊》第37卷第12期上，在附注中还给出了他在法国的联系地址——M.C.W.Lee 7, Rue des Petites Hotels Ivry Sur-Seine。

本月至6月，“一·二八”的战事，使李健吾激情满怀，他完成了《火线之外》的姊妹篇《火线之内》（四幕剧，后改名为《老王和他的同志们》），这次是为十九路军和上海市民勇敢地迎击日军而欢呼，寄回国内发表。

暑假期间

李健吾陪着由英国来巴黎游览的同乡兼同学徐士瑚，游览了巴黎的名胜古迹。在此期间，一些清华同学常在一起聚会，他的谈笑风生，常常引起哄堂大笑。（据徐士瑚《李健吾的一生》）

8月

3日，李健吾赴荷兰哈勒姆（Haarlem），参观泰勒斯（Teylers）博物馆。

4日，李健吾抵柏林，在旅舍遇见清华同学江君。

15日，李健吾的三幕剧《火线之外》刊载在《申报月刊》上。

16日，李健吾南下赴日内瓦，后再返回巴黎。

1933年　27岁

（民国二十二年）

1月

本月，四幕剧改成三幕剧的《火线之内》由青年出版社出版。此时歌词已配上乐谱，结尾铿锵有力，一片抗战激情。

5月

1日，三幕剧《村长之家》写成之后寄回国，从即日起在《现代》杂志1—4期连载发表。这个剧的核心人物本是个精明能干的人，是因为从小生母撇下他嫁了人，加上世道的险恶使他冷心冷肺，对儿女及生母都极无人性，最后，儿女之死和生母弃他而去的结果唤醒了他的人性，但已晚矣，是真正的悲剧。无论是小说还是戏剧，他都在探求人性上下功夫。遗憾的是这个剧本从来没有搬上过舞台。

本月，李健吾为了更好地了解福楼拜，专门坐火车奔赴福楼拜的故乡：鲁昂郊区的克瓦塞。回来后，写成“福楼拜的故乡”发表在《现代》杂志第4卷第1期（后来一并收入《福楼拜评传》，作为其附录），在此之前，已完成《福楼拜评传》草稿。

本月，与秦宣夫合写了“巴黎中国绘画的展览”一文（主笔为秦宣夫），发表于当年《文学》第1卷第5号上，通过与秦宣夫的交往，李健吾也爱上了美术。这对他后来游览意大利，体悟意大利各博物馆内的藏画起了相当的作用。

7月

14日，李健吾开始了一个月的意大利漫游。期间，他每天一至两封寄给未婚妻尤淑芬，共计33封。

夏季

与清华同学罗念生同访当时在法国求学的戴望舒。

8月

本月，李健吾和朱光潜同船回国，8月底到达上海。未婚妻尤淑芬专程赴沪接船，在沪期间，李健吾匆匆与老友相见，有茅盾、叶圣陶等。在开明书店有过一次朋友相聚的饭局，在饭局上，李健吾初识巴金。“在这之前巴金就读过他的小说，听说李健吾又是他在法国相识的朋友李卓吾的弟弟，两人不由一见如故。”（见周立民《一场不散的戏》）

9月

1日，郑振铎想在北京创办与《文学》类似的大型文学刊物，筹备工作由已在北京的巴金和靳以负责。

9日，沈从文与张兆和结婚，他们住在北京西城达子营一个小院，这里巴金住过，也是李健吾常去的地方。

月初，李健吾返回北京，住七叔李少白家（北平盔甲厂1号）。离住家不远，就是《文学季刊》编辑部，负责编务的实际上只有巴金、靳以。因为经常去，李健吾在那里就和沈从文、曹禺、曹葆华、何其芳、萧乾、靳以等相识相熟。

本月，《大公报·文艺》副刊由沈从文从吴宓手里接编，这个新的副刊就成了李健吾后来发表文章的好地方。《大公报》原是由英敛之于1902年在天津创办的一份报纸，1925年曾停刊。1926年后由吴鼎昌接班。

10月

16日，《火线之内》《火线之外》载《大公报·文艺》副刊第3期。

23日，《无题》（诗）载《北平晨报·诗与批评》第3期。

31日，李健吾与尤淑芬（当时就读清华大学经济系三年级）正式成婚。夫妻两人从此相守一生。婚事既隆重又简单，由清华同学会包干承办，由周作人主婚，来宾有郑振铎、朱自清、沈从文等。成婚后仍住在七叔家，巴金、蹇先艾是常客。尤淑芬婚后有孕，因为显身，没有完成学业，离开学校。

11月

1日，《福楼拜的故乡》在《现代》第4卷第1期上面世。李健吾在法国对福楼拜的研究成果开始陆续发表。

18日，李健吾翻译的《一颗简单的心》（短篇小说，福楼拜著）载《大公报·文艺》副刊第17期。

25日，李健吾翻译的《圣·朱莲外传》（短篇小说，福楼拜著）载《大公报·文艺》副刊第11期。

本月，李健吾1928年写就的长篇小说《心病》正式由开明书店出版发行。在扉页上有这样的话："献于亡母，从事这篇的时候，我不知道您病着，我预期着您的奖励；我在叙写一位母亲；您把最大的期望留给我；我相信我的工作是永久失败了。"

12月

1日，*An African in love*（诗），载《北平晨报·诗与批评》第7期。

2日，李健吾翻译的《希罗底》（短篇小说，福楼拜著）载《大公报·文艺》副刊第21期，至此，福楼拜的三篇短篇小说全部译成。

12日，李健吾的《随笔》（诗），在北平《晨报·诗与批评》第8期上发表。

冬季

经杨振声和朱自清推荐，李健吾成为由胡适主持的《独立评论》编辑委员会委员，同时受聘的还有卞之琳。李健吾的主要任务就是写作《福楼拜评传》并翻译《福楼拜短篇小说集》，有少量薪水报酬。

1934年　28岁

（民国二十三年）

1月

1日，经过紧张酝酿，郑振铎和巴金主办的《文学季刊》创刊号出版，李健吾也是编辑之一。其论文“包法利夫人”引人注目，此文即为《福楼拜评传》中的一节。

同日，《文学》杂志第2卷第1号刊载了他的《新年试笔》。

17日，《大公报·文艺》副刊第33期上发表他的评论文《从〈双城记〉说起》。借有人把《双城记》的故事背景和写作时间混为一谈，甚至搞错了作者的国籍一事，他指出了当下囫囵吞枣的通病，似乎把堆砌流行名词就算是知识渊博的荒唐。他特别强调：“认识一个作品，在他的社会与时代的色彩以外，应该先从作者身上着手：他的性情，他所处的环境，以及二者相乘的创作的心境。”

20日，李健吾的《萨朗宝与历史小说》，在《大公报·文艺》副刊第34期上发表。

本月，因为《包法利夫人》这篇文章，李健吾引起了林徽因的注意，她给李健吾发来一封长信，并邀请到她家见面。从此，李健吾成了太太客厅的常客，直到去国立暨南大学执教为止。

3月

14日，《大公报·文艺》副刊第49期发表了李健吾的《绣像飞跎全传》。

4月

1日，李健吾的三幕剧《梁允达》发表在《文学》杂志第2卷第4号上。这个剧本是费了作者的心思的，和《村长之家》一样，也是以家乡晋南农村为背景，但是内容更为丰富，戏剧性更强了，特别强化了人物内心的冲突。

2日，李健吾应《华北日报》工作人员刘信芳（李健吾大学同学）邀请，为该报编辑副刊《文艺周刊》。同日在该报发表了发刊词。通篇文章充满调侃和无可奈何的语调。共办过八期，约两个月后停刊。

23日，李健吾的《嫉妒》（诗）发表在《北平晨报·诗与批评》第21期上。

5月

1日，李健吾的《萨朗宝与种族》发表在《学文月刊》。

5日，李健吾的论文《〈布法与白居谢〉的诞生》载《大公报·文艺》副刊第64期。

9日，论文《〈布法与白居谢〉的前身》载《大公报·文艺》副刊第65期。

19日，论文《福楼拜的娱乐》，载《大公报·文艺》副刊第68期

20日，杂文《也算一种声明》发表在《华北日报·每日座谈》第68号上。

6月

12日，李健吾的《反动》（诗），发表在《北平晨报·诗与批评》第26期上。

16日，当年给未婚妻的情书，李健吾经过删减，把他们变成纯粹的游记——“意大利漫游见闻”（后来取名《意大利游简》）第一篇《菲辣辣与辣外纳》，载《北平晨报·文艺周刊》第76期。

7月

1日，李健吾的剧本《这不过是春天》在《文学季刊》第1卷第3期上发表。这出以北伐为背景的小巧精致的三幕剧，透露出革命的信息，又暴露着生命的压抑。这出戏不断在各处上演，包括教会学校贝满女中。

1日，《意大利漫游见闻》的第二篇“威尼斯游札”，发表在《文学季刊》第1卷第1号上；第三篇“翡冷翠漫游短札”，刊登在《文艺风景》第1卷第2期上。

11日，《大公报·文艺》副刊第83期刊载了李健吾的《司汤达》（论文）。

28日，李健吾《福楼拜与医院——环境的影响》载《大公报·文艺》副刊第88期。

8月

8日，《福楼拜的病魔——脑系病的影响》，载《大公报·文艺》副刊第91期。

29日，《大公报·文艺》副刊发表了李健吾的《伍译的名家小说选》，署名“刘西渭”。这是他首次用“刘西渭”这个笔名。他以锋利的笔触对当年海内外知名的翻译家伍光健开了火。他曾经倾心于伍译的《侠隐记》，但是随着伍的年龄和名声的见长，译文日渐变得粗糙。他在见到伍为中学生译的《二京记》（即《双城记》）和《高利佛游记》后，吃惊于他翻译中的错误，甚至有的翻译连原作者名字都不注出，只见伍光健三个大字，对原作者很不尊重。

本月，《学文月刊》第1卷第4期发表了《布法与白居谢》。

9月

1日，《意大利漫游见闻》的第四篇“拿坡里漫游短札”，载《现代》第5卷9月1号。

29日，李健吾的《“定于一”——呓语之一》，载《大公报·文艺》副刊第106期。

30日，大女儿李维音（小名小乖）在北京协和医院诞生。为大女儿的诞生，李健吾写了一首诗《诞生》，诗的开头和结尾：“说是你很像我哪 / 小东西 / 小活黄鼠狼 / 等不及太阳出来 / 你就扯直嗓子嚷。”

10月

6日，《大公报·文艺》副刊上又刊载了他以“刘西渭”为笔名的《中国旧小说的穷途》（后改名为《旧小说的歧途》）。

本月，李健吾与巴金、卞之琳、沈从文、靳以、郑振铎等合办了一个刊物《水星》。其中有其发表的散文《艺术家》（发表于10月10日）：

> 做一个艺术家多不容易，而且怎样孤寂，在举世滔滔的今日！
>
> ……
>
> 但是你抱定了你可笑的念头，走下这无常的长途，或许整个社会说你是个傻子，或许就有人觉得你有点儿什么，帮你作品添了点儿分量。
>
> 这少数人是你的，而你也胜利了。
>
> ……
>
> 于是他更穷，更孤寂了，同时混迹人海，也越发伟大了。他死了，他的作品活了下去。

20日，《记史某》载《太白》第1卷第3期上。这里记述的都是他在童年时代接触到的一些小人物。

本月，戏剧集《梁允达》由生活书店印行，为傅东华主编《创作文库》之十五，内收《梁允达》与《村长之家》等两部戏剧。

11月

2日，李健吾的《诞生》（诗），载《北平晨报·诗与批评》第39期。

10日，《大公报·文艺》副刊上发表了他摘译自福楼拜初版（1847年）的《圣·安东的诱惑》中的一节段：《诗人与卖艺的》，并在译者注中说，此节未收入删改后的《圣·安东的诱惑》一书中。当日，他的《看坟人》（散文）发表在《水星》第1卷第2期。

12月

5日，《记景女士》（散文）发表在《太白》第1卷第6期。记录了他儿时崇拜的一位充满野性的女孩子，可是随着岁月的流逝，她结婚了，生了一群孩子，人整个地变了，野性女子的踪影全无，阐述岁月的无情。

10日，《田原上》（小说）发表在《水星》第1卷第3期。

15日，李健吾在《大公报·文艺》副刊第128期发表了《现代中国需要的文学批评家》（笔名刘西渭）。在这篇文章中，他明确说明："不管你写些什么，只要你写的书于人性以内，它能够阻拦一个大作家产生吗？不能够，他可以帮忙一部杰作出世吗？可以。这就是我们今日需要的批评家。"当日，又一篇散文《脉脉》发表在《文艺画报》第1卷第2期。

16日，《论福楼拜》（论文）发表在《文学季刊》第1卷第4期。

本月，李健吾的《法国十九世纪的现实主义文学运动》，发表在《申报》第12号上。此文后来收作《福楼拜评传》一书的附录之一。

1935年　29岁

（民国二十四年）

1月

1日，《意大利漫游见闻》的第五篇《罗马游简》发表在《文学》第4卷第1号上。

6日，《福楼拜评传》一书的“序”首次见报，发表《大公报·文艺》副刊第133期上。

10日，李健吾将其经西伯利亚去法国的沿途感受写成《车窗外的西伯利亚》，在《水星》第1卷第4期发表。

2月

13日，李健吾在《北京青年》上发表《〈委曲求全〉在成人教育上的意义》。

本月，《福楼拜的人生观》（论文），载《文学季刊》第1卷第4期。

3月

1日，李健吾的《另外一群》（独幕剧，原名《生机》），发表在《文学》第4卷第3期。很简单的情节：仆人在门外议论纷纷，围绕着一个女仆在下房里生下的私生子的父亲，也为她不平和忧虑。可以说，戏在门外。

11日，李健吾在清华期间译成中文的揭露中国高校腐败的王文显的三幕戏剧《委曲求全》，以青年会的名义在协和礼堂演出，李健吾被邀请担任导演，扮演剧中董事长（男角），从此他扮演的全是男角。林徽因和刚从法国回来的秦宣夫负责舞美设计，反映良好，轰动了文艺界，后来还在清华大学演出一次。

在此期间，适逢中国旅行剧团唐槐秋在京，他们出席观看了《委曲求全》。在欢迎唐槐秋的宴会之后，李健吾、唐槐秋、马彦祥和曹禺一起留了影。唐槐秋还在《晨报》上发表了评论文章。

16日，散文《牛皋》，载《水星》第1卷第6期，牛皋的原型取自早年他父亲手下的一位副将，晚年借酒浇愁，走投无路，但却并不另求投靠。

16日，《福楼拜的内容形体一致观》（论文）载《文学季刊》第2卷第1期。

4月

10日，散文集《意大利游简》的“前言”载《水星》第2卷第1期，在“前言”中说这些文字节选自给未婚妻的情书。

14日，散文《人生》，载《大公报·文艺》副刊第147期。

春季

本年春，郑振铎到上海担任国立暨南大学文学院院长兼中文系主任后，特别邀请李健吾到国立暨南大学文学院任职，教授法国文学。这是李健吾一生中又一位亦师亦友的兄长，从他那里获得了真挚的帮助、爱护和提携。

某日，李健吾迁往由其七叔出资购置的西四牌楼（北大街）的房子，弟弟养吾与其同住，在西城某中学上学。李健吾更感到了自己靠写作养家的压力。

5月

1日，李健吾的独幕剧《说谎集》（［英］萧伯纳著），载《水星》第2卷第1期。在演出时，他担任出丑的丈夫。

4日，李健吾在《京报·诗剧文副刊》上发表了散文《失败者言》。就自己的几部剧作、小说，特别提到《心病》，检讨存在的问题：

> 我有遗憾，然而我无以泯灭我的遗憾，我因而有点儿隐痛。
>
> 这只是随手举了几个小小的例，证明创作的确不是一件容易事。尤其是才分有限的弱者，类似我这样的一个可怜虫，所以我们必须努力，好像歌德的小说的主人翁，永远记住自己是在一个学徒的时期。

10日，李健吾就搬家有感而成的散文《搬家》，发表在《水星》第2卷第2期。

19日，散文《兽皮》，发表在《大公报·文艺》副刊第152期。

本月至8月，叶公超主编《学文》，共出了四期。参与者除《新月》原班人马：梁实秋、闻一多、林徽因等外，又增加了朱光潜、季羡林、何其芳等，刘西渭（李健吾）也在其列。

6月

1日，散文《家长》载《中学生》第56期。在该文中，可以清楚地看到李健吾对旧式家长作风的不满。他一辈子在家中从不持盛气凌人的家长作风，李健吾崇尚的是“自由、平等”的理念，1949年，他曾在饭桌旁对孩子们谈过。

8日，李健吾在《北平晨报》上发表了《戏剧试作》。

7月

1日，《文学》杂志第5卷第1号上刊载了他的译文《福楼拜的书简》。

7日，在《北平晨报·诗与批评》第58期上刊载了他翻译的《被遗弃的鱼人儿》（［英］安诺德著），占了相当大的版面。在译者注中他写道：

> 译这首叙事诗的时候，我还在学校读书，……虽说当时做学生，我遇见一“诗人”教授，讲解很坏，我说他讲解很坏，因为他把干燥的注解送给学生，却把“诗”留给自己。唯其他是一位诗人，我才格外愤慨。大约就在他低头讲书的时候，我用自来水笔译出这首长诗，倒像记笔记似的。

他又说：

如今一转眼，却也是七八年了。……安诺德这名字和我生涩许久了，尤其是他的诗，希腊味儿重，道德气息更重，我再就没有温习他了。可是这首叙事诗，我却比较喜欢，……

这也就是为什么，自己作为练习的东西，在从旧纸堆中翻出来后，重新加以整理、分行后，在报上发表。从这里即可以看出他在中学时翻译的水平、爱好。

20日，李健吾在《大公报·小公园》第1740号上发表《新诗的演变》。

21日，《书呆子》（小说，即《使命》），发表在《大公报·文艺》副刊第161期。

月底，李健吾因妻子再次怀孕待产，故迁往岳父家（劈柴胡同内南堂子胡同），弟养吾没有随往，而是随了七叔，后来去了抗大，之后参加了八路军。两人直到上海解放之后才又见面。

8月

4日，署名“刘西渭”的书评《苦果——罗皑岚先生作》载《大公报·小公园》。

7日，借沈从文的《八骏图》发表（载《文学》杂志第5卷第2期），李健吾写成了书评《边城·八骏图》。其实，他的目的是为了针对他人对沈从文的《边城》（1934年春连载于《国闻周报》第2卷）不公正地非议（载《读书顾问》1935年第1卷第4期）。

12日，论文《克莱武福晋》（书评，［法］拉法耶特著）在《大公报·小公园》上发表。

18日，署名“刘西渭”的书评《〈九十九度中〉——林徽因女士作》，发表在《大公报·小公园》。

31日，署名“刘西渭”的书评《〈雷雨〉——曹禺先生作》，发表在《大公报·小花园》。

本月，李健吾只身赴上海，到国立暨南大学报到。当月再返回北平。同行的巴金告诫他，上海人不一定欢迎他这从北方来的人（因前有“京派”和“海派”之争），让他注意收敛。他后来在暨大课余只埋头翻译和写作，不与外界交往，或许与巴金的这次告诫有关。

9月

8日，李健吾的《秋野》（散文）发表在《大公报·文艺》副刊第5期。

12日，他为《力余集》写的序《〈力余集〉序》在《北平晨报·诗与诗评》上发表。遗憾的是该书并未出版。这本集子包括他早年写的《意大利游简》及少量评论文章。

16日，李健吾把以前翻译的福楼拜的短篇小说结集为《福楼拜短篇小说集》，首先发表在《文学季刊》第2卷第3期。

16日，署名“刘西渭”的书评《边城与八骏图》，载《文学季刊》第2卷第3期上。后来收入《咀华集》时，改为《边城——沈从文先生作》。此评论文是对《边城》最好的引荐。“文革”后，《边城》被收入中学教材，而李健吾的这篇评论总是列在课文后，作为阅读理解《边城》的参考资料。

10月

26日，二女儿维惠（小名小妹）在北京降生。

11月

3日，《大公报·文艺》副刊刊载了他对巴金《爱情三部曲》的评论《〈雾〉、〈雨〉、〈电〉——巴金的爱情三部曲》（署名刘西渭）。因为和巴金的友谊，他在开篇先发表了他对批评的看法，然后，他谈了对这三部中篇的意见，直率、诚恳，认为巴金的最大特点是热情，热情使他叙述流畅，但是也带来文笔的瑕疵，拿起了笔就停不下来，急于抒发自己的情感。

本月，李健吾携妻小全部到了上海，开始在市内拉都路明霞村租房住（巴金帮助找的住处）。

12月

1日，巴金的《〈爱情三部曲〉作者的自白——答刘西渭先生》发表在《大公报·文艺》副刊，其中包含了对批评者的嘲讽，不过他还是十分赞赏李健吾的文笔："是多么流畅的文笔！"李健吾书籍的出版多得到巴金及其兄弟的支持。这也见证了当年文人之间的互相提携的友谊，对书的评论并不影响友谊。

7日，评论文《L'Avare的第4幕的7场》（后改文名为《吝啬鬼》），载《大公报·艺术周刊》（天津）。从此文中，已经可以看出李健吾对莫里哀喜剧的熟悉和推崇。

14日，李健吾写成《答巴金先生的自白》。

16日，完成了对巴金《神·鬼·人》的评论文章（署名刘西渭）。这些文章和巴金的答复都收在后来出版的署名刘西渭的《咀华集》中。

月底，因国立暨南大学校址在郊外真如，来往十分不便，故不久即举家迁入真如。李健吾在国立暨南大学期间，只和同事来往，结识了在校任教的周煦良、马宗融、张天翼和陈麟瑞等，成了好朋友，与学生华铃和任明耀等之间的师生情谊也维系了终生。

本月，《福楼拜评传》由中华文化教育基金委员会编译委员会编辑，商务印书馆出版发行。这本书成了一本传世之作，也是少有的对福楼拜和他的主要作品最全面、最详尽的评介。

本年

生活出版社出版了他翻译的司汤达的系列小说：《迷药》《箱中人——西班牙故事》《圣福朗旦斯基教堂》《法尼尼·法妮娜》《贾斯淘的女主持》，书名是《司汤达小说集》。从这里已经可以看出，李健吾逐渐将兴趣转向对司汤达的研究，不过，他对福楼拜的研究并没有半途而废。应该说，福楼拜是他对法国文学研究的起步人物，一旦起步，就必须是完整的，他几乎译介了福楼拜的全部作品，还有因《包法利夫人》引发的一场官司。对作品的理解，还要包括对作者本人和他的生存环境的理解。他的这个特点维系了一生。

李健吾完成了《什么是达达派》和《什么是立体派》，两文均于当年被收入由郑振铎、傅东华主编的《文学百题》中，该书由生活书店出版发行。

李健吾写成书评《八月的乡村》。

1936年 30岁

（民国二十五年）

1月

1日，戏剧《老王和他的同志们》（即《火线之内》），载《文学》第6卷第1号。

5日，署名“刘西渭”的《答巴金先生的自白书》，发表在《大公报·文艺》副刊第72期“星期特刊”。

20日，《〈以身作则〉后记》发表在《大公报·文艺》副刊第81期。在这篇文章中，他非常明确地陈述了他对文学艺术的看法：“我爱广大的自然和其中活动的各不相同的人性。在这活动里面，因为是一个中国人，我最感兴趣也最动衷肠的，便是深植于我四周固有的品德。”“什么是我崇拜的，如若不是艺术？”“作品应该建在一个深广的人性上面，富有地方色彩，然后传达人类普遍的情绪。”“《以身作则》证明人性是不可遏抑的潜伏的力量。”

本月，李健吾的翻译作品《献给失败的人们》（诗，［美］惠特曼著），发表在《绿洲》第1期。

本月，三幕喜剧《以身作则》由文化生活出版社出版发行，开明书店经售，是巴金主编的《文学丛刊》第1集中的1种。

本月，《福楼拜短篇小说集》（［法］福楼拜著）由中华教育文化基金会董事会编译委员会编辑，商务印书馆印行。初版本卷首有译者的序，卷末有译者的跋，内收《一颗简单的心》《圣·朱莲外传》《希罗底》等，共3篇小说。

2月

2日，李健吾写成了《评〈鱼目集〉》，后来在收入《咀华集》时改名为《〈鱼目集〉——卞之琳先生作》，同时收入的有《新诗的演变》。

12日，李健吾在《大公报》上发表《关于美丽的丑态》，回复某位“杰君”对《以身作则·后记》的指责。

4月

月初，散文集《意大利游简》正式由开明书店出版发行。为“开明文学新刊”之一种，内收《威尼斯》《菲辣辣与辣外纳》《翡冷翠》《罗马》《拿波里》等共5篇散文。

4日，李健吾 在《大公报》上发表《现实与理想》。

10日，萧乾到上海筹办沪版《大公报》，同时接替沈从文，兼办津版《大公报·文艺》副刊。萧乾的到来，起到了沟通京津文人和上海文人的作用，也给了这些作家发表作品的机会。

12日，书评《鱼目集》，以“刘西渭”笔名，发表在《大公报·文艺》副刊上。因为这篇文章，引起了他与卞之琳的激烈争论。

6月

1日，李健吾的独幕剧《母亲的梦》（即《赌与战争》），发表在《文季月刊》第1卷第1期。书评《读〈篱下集〉——萧乾先生作》，以“刘西渭”为笔名，发表在《文季月刊》第1卷第1期上

5日，书评《城下集》以“刘西渭”为笔名发表在《大公报·文艺》副刊第157期。

7日，《中国文艺家协会宣言》发表，签名者有110人，李健吾为其中之一。

本月，卞之琳回应的文章《关于〈鱼目集〉》和李健吾对卞之琳的回应《答〈鱼目集〉作者》，均载《大公报·文艺》副刊第158期“星期特刊”。

本月，时值《大公报》由吴鼎昌接办十周年之际，特设立“文艺与科学奖金”，李健吾被聘为“文艺”奖项裁判委员之一。

本月，李健吾翻译的《司汤达小说集》（[法]司汤达著）由生活书店印行。初版卷首有李健吾写的《司汤达》一文。正文收《迷药》《箱中人》《费理拜·赖嘉勒》《圣福朗且斯考教堂》《法妮娜·法尼尼》《贾司陶的女住持》等，共6篇，为郑振铎主编的《世界文库》之一种。

本月，论文《梵乐希文存》发表在《暨南学报》第1卷第2号上。

7月

19日，《大公报》上刊载了卞之琳、李健吾一来一去的《关于“你”》。这些争论似乎从对新诗的理解，变成了对自己作品的捍卫和争辩。

19日，《化石》（诗）在《大公报·文艺》副刊第182期上刊载。

本月，王统照到了上海，也在国立暨南大学任教，与李健吾成了同事。同时他还出任了大型文学刊物《文学》的主编。

8月

月初，针对李健吾和卞之琳之间你来我往的答辩，朱光潜看不下去了，发表了《谈书评》，公允地做了评判。卞之琳的辩解和朱光潜的维护，都成了他写作《刘西渭先生的苦恼》的契机。

2日，书评《画廊集》以“刘西渭”为笔名，在《大公报·文艺》副刊上发表。

本月，戏剧集《母亲的梦》由文化生活出版社出版，为巴金主编《文学丛刊》第2集中的一种，收《母亲的梦》《老王和他的同志们》等共2篇。

9月

1日，书评《读〈画梦录〉》以“刘西渭”为笔名，发表在《文季月刊》第1卷第4期。

13日，《刘西渭先生的苦恼》发表在《大公报·文艺》副刊第214期。这篇带有情绪化色彩的文章，以对话的方式表达了自己的郁闷。在文章中，李健吾认为，这篇文章也是他表明自己对书评家不同于批评家的观点的机会，作为书评家，关注的是作品，是自己的感受，包括自己的爱憎，写作时所有的人事都已关在门外，就有可能朋友成了仇人。他表示了对未来的杞忧：“临到作品家传户诵，我会为人遗忘在乌有之乡。这正是我这类书评者的悲哀。”

10月

16日，李健吾在《半月剧刊》上发表《观评剧与评伶之区别及蹦蹦戏何以谓之平戏或评戏》。

本月，“大公报”文艺奖项公布：何其芳的《画梦录》获得散文奖，曹禺的《日出》获得戏剧奖，卢焚的《谷》获得小说奖。

本月至1937年3月，《半月剧刊》第4期、5期、8期、14期载剧评《拉杂谈》。

11月

《福楼拜短篇小说集》由商务印书馆印行。

12月

10日，《诗二章：暮春、这不过是春天》发表在《新诗》第3期。此诗曾被徐志摩认定为“新月派”的诗作，曾于1986年收入人民文学出版社出版的《现代派诗选》。

17日，中华文艺协会上海分会举行成立大会，李健吾与郑振铎、巴金、柯灵、夏衍等15人被选为理事。

本月，由1935年起写成的11篇文学评论文章结集而成的《咀华集》署名刘西渭正式由文化生活出版社出版（巴金给予的帮助）发行。其中有：《爱情三部曲》《神·鬼·人》《边城》《苦果》《鱼目集》《九十九度中》《篱下集》《城下集》《雷雨》《画廊集》《画梦集》。这是他在文化生活出版社出版作品的开始。

本年

戏剧集《梁允达》《母亲的梦》《以身作则》被列为国立暨南大学建校十周年纪念文物展的展品。

1937年　31岁

（民国二十六年）

1月

李健吾翻译的《圣安东的诱惑》（［法］福楼拜著）由生活书店发行，生活印刷所印刷。初版卷首有译者写的《〈圣安东的诱惑〉提要》，卷末有译者写的“跋”。作品共7章，是郑振铎主编的《世界文库》中的一种。

2月

10日，《囚犯》（诗歌）载《新诗》第5期。

4月

文化生活出版社出版了李健吾的戏剧集《新学究》，作为巴金主编的《文学丛刊》第4集中的一种。这是他写的唯一的一部以高级知识分子为题材的戏。戏写得很好，但是这个戏有他的老师吴宓的影子，吴宓固然有些学究气，但是学生拿老师说事多少有些不妥，招来了一些非议。

25日，评论文《自我和风格》（署名“刘西渭”）发表在《大公报·文艺》副刊第328期的集体讨论“书评是心灵的探险么?”的版面上。

5月

1日，《文学杂志》创刊号发表了李健吾的独幕剧《一个没有登记的同志》，在孤岛戏剧活动期间为避免租界审查的麻烦，改名为《十三年》。这个小闹剧起源于3月的一天，李健吾在理发馆理发时，突然萌生的一个念头，后来，他用了两天的工夫写成。说是闹剧，实质是个悲剧。在《十三年·跋》中，他说：“有谁记得李大钊吗？十八个脑袋做了圣约翰似的殉难。……有一天我要写一部东西纪念这精神反抗的纪念碑。……也许我写不出来。……《十三年》便是我抓回来的一个小小枝节。”

9日，《假如我是》发表在《大公报·文艺》副刊第333期的集体讨论“作家们怎样讨论书评”的版面上。

6月

1日，《文学杂志》第1卷第2章上发表了李健吾的书评《读〈里门拾记〉》。

本月，戏剧集《这不过是春天》由商务印书馆初版印行，为《文学研究会创作丛书》第2集之一种，内收《这不过是春天》《另外一群》及改编剧《说谎集》，共3篇。

7月

1日，《巴尔扎克的〈欧也妮·葛朗代〉》（书评），载《文学杂志》第1卷第3期。

同日，译文《春天的门限》（散文，［法］普鲁斯特著）发表在《文学》第1号上。

8月

“八一三”炮火响起，国立暨南大学迁入上海市内公共租界。全家由真如迁至市内巨籁达路，今巨鹿路。几次搬家诱发了李健吾的腰椎间盘突出，不得不卧床或拄拐弯腰行走，很长时间被误诊为风湿症。当时，原清华同学、国立暨南大学同事孙大雨要求匀给他一间屋子放家具，他答应了。但是后来孙大雨占用的地方越来越多，给李健吾一家的生活带来诸多不便，妻子就要他另找住处。

中旬，卞之琳在从雁荡山避暑回返北京途中，过上海还是住在李健吾家里，长达三周，每天都还有关于诗作的争执，照李健吾的说法，像孩子一样争执。

本月，由中共党员、剧作家于伶牵头在法租界成立上海戏剧救亡协会。当时协会主要是演出抗战剧，包括街头演出，号召抵抗侵略，同时还组织到战地慰问演出小组。

本月，李健吾因常到郑振铎家，在那里他认识了夏衍、阿英、陈西禾等进步人士，常去郑家的还有清华校友、诗人王辛笛和他的岳父徐森玉老先生—— 一位有名的版本学家。

9月

月初，朱光潜来电，约卞之琳到四川大学讲学，李健吾亲自步行送他上火车，路上一边聊，一边嚼着甜芦粟。

下旬，卞之琳离开后，芦焚（即师陀）不知道卞之琳已经离去，约了巴金和靳以去李健吾家拜访卞之琳。这是芦焚和李健吾的初次见面，以后成了好朋友。

10月

1日，署名“西渭”的杂文《建筑是一个伤心的说明》，发表在《宇宙风》半月刊第48期。

11月

10日，李健吾的《时间》（散文）发表在《文学》第9卷第4号。

本月，中共地下党出钱，要阿英办一个综合性的文化刊物，借以联系留守孤岛的文化界抗日人士，为了不暴露身份，于伶、阿英和郑振铎商量后，决定由一位表面上看来政治色彩不鲜明的刘西渭担当登记人。

11月

12日，中国军队撤离上海，上海沦陷，英租界和法租界成为孤岛。

21日，署名“西渭”的散文《案头的悲哀》在《宇宙风》第52期刊载。

本月，李健吾由学生张可引荐与于伶相识，李健吾开始由学者转向从事抗日戏剧活动。

12月

26日，由阳翰笙、王平陵发起，经张道藩等30人组成中华全国戏剧界抗敌协会筹备委员会。

31日，中华全国戏剧界抗敌协会宣告成立，共有17人被推为理事，其中包括李健吾（被缺席推举）。协会要求全国戏剧界人士摒除一切成见，巩固超派系超地域的团结，以戏剧为民族解放战争服务。协会确定每年10月10日为全国戏剧节，1943年后，改为每年2月15日举行。1939年后，政治形势发生变化，协会活动日趋减少，名存实亡。

本月，国立暨南大学准备迁离上海，最后去了福建。李健吾的教学工作暂时中止。

本月，夏衍离沪，李健吾被委托担任夏衍的“著作人权益代理人”。

本月，阿英创办的《离骚》借用无政治背景的李健吾的笔名“刘西渭”在法租界注册成功，创刊号在该月出版。其中刊有李健吾的《匹夫》、赵景深的《“杨家将”考》、景宋（许广平）的《医》、寒峰（阿英）的《甲午战争书录》。但是，内容还是暴露了他的抗日倾向，租界管理者很警觉，创刊号立即被查禁。李健吾本人不记得有这件事。

1938年　32岁

（民国二十七年）

2月

20日，散文《中国人的别致》发表在《宇宙风·十日刊》上。在该文的结尾处，李健吾写道：“我们要‘行险’，要铲掉我们‘别致的’劣根性，要做些‘既定的事实’给别人看。”

本月，李健吾的《北平》（短篇散文），发表在《少年读物》1938年第2期。

4月

25日，李健吾在《文汇报·世纪风》上刊载了他回复常风《关于周作人——一封来自北京的信》。在信中，李健吾还没有对周作人完全失去希望，他引用了友人的话：“让我们‘网开一面’，最好且以自警自励吧！”

本月，《马赛曲》载《少年读物》1938年底4期。

春季

某日，李健吾与柯灵相识。

某日，李健吾曾与李伯龙、于伶、章杰、吴仞之、徐渠、顾仲彝等设想筹备上海艺术剧院，因法租界工部局不予批准而作罢。

滞留在孤岛的部分文化界人士组成鲁迅先生纪念委员会，出版《鲁迅全集》二十卷本。为了筹资，郑振铎悄悄地找李健吾要借五十元钱，并请他联系特别熟识的朋友，募集捐款。李健吾回家拿了五十元钱，之后，又向清华校友孙瑞璜拿了五十元钱。

春夏之交

李健吾参加了星期小剧场演出活动，演出剧目包括他的《十三年》。

7月

15日—8月23日，李健吾改编的［美］费奇的四幕剧《撒谎世家》（原作《真名》），连载于《大英夜报·七月》，同时刊载了他写的“跋”。

王统照为《大英夜报》编辑的副刊《七月》抗战倾向非常明显。他约李健吾写稿，李健吾写了不少文章，有剧本、杂文，还有诗歌。17日，李健吾的诗歌《对话》在《七月》上发表，充分表达了他的寂寞、无奈和自责，李健吾说自己：“是个瘸子（腰腿疼病），心好比是一只鹰，被关在囚笼里。”

20日，李健吾给学生冯锦钊（即诗人华铃）写信，修改他的诗作《再见了，欧裕昆》。

30日，李健吾又给华铃写信，表示收回自己的修改，并推荐给《大英夜报》编辑王统照先生，同时建议他少写爱情诗。

本月，李健吾以留法学生身份，通过高层人士斡旋，疏通各方面关系，写了申请建立上海剧艺社的文书，得到法租界当局批准，在中法联谊会戏剧组的名义下，上海剧艺社正式宣告成立。

8月

2日，署名“刘西渭”的杂文《皮克老烧勒三世》，发表在《大英夜报·七月》。在该文中，他用皮克老烧勒的结局挖苦日本侵略者。

2日、3日，《星岛日报》刊载了李健吾的《关于剧评》（上、下）。

6日，他给华铃写信，告诉他代收了稿费。

14日、15日，《星岛日报》刊载了他的《关于剧本》（上、下）。

22日，李健吾在《星岛日报·星座》第22期上，以笔名“刘西渭”发表了短文《难兄难弟》，申斥香港一种说法：“香港成了中国的文化中心。”

9月

1日、2日，《星岛日报》刊载了李健吾《关于导演》（上、下）。

23日，上海剧艺社演出了成立后的第一个戏：顾仲彝的《人之初》。演出时，李健吾手中握着表，观察着每幕的演出时间，整整四个半小时，夜场无法进行，他开始组织删节，演员都很老练，把删改后的戏演了下来。

25日，李健吾在《导报》上发表了《〈人之初〉的结尾》。

30日，上海的形势日趋紧张，《大英夜报·七月》副刊停办，王统照先生开始隐退。

本月，李健吾在《文汇报·世纪风》上发表了剧评《〈人之初〉的正反面》。

10月

3日，散文《希伯先生》署名“刘西渭”，发表在《文汇报·世纪风》上。

5日，李健吾在《文汇报》发表了《致林曦先生书》，除了表示感谢热心观众林曦对舞台布景提出了一些改进意见外，还特意解释了所采用那类布景的原因。

26日，《申报·自由谈》发表了李健吾的《我为什么要重译〈爱与死的搏斗〉》（原作者罗曼·罗兰）和冯执中的《李译〈爱与死的搏斗〉》的两篇文章。这是在该剧正式上演的前夕，那次演出是上海剧艺社经过精心研究和选择的，也是中法联谊会的选择。李健吾的译本在上演之前没有在报刊上发表。在这篇文章发表的同时附文《本事》。在《本事》中说明了这个剧的意义：

> 现在他们恢复了久已失去的新婚的幸福，死亡并不痛苦，却带来了平静。黄昏来临，军警逮捕他们来了。
>
> 为什么要把生命给予我们？
>
> 为了征服生命。
>
> 暂时的是现实，永生的是理想。最后的胜利是你们的，死去吧，你们是为人类活着而献身的战士！

27日，《爱与死的搏斗》正式公演。当日，剧团刊发了《〈爱与死的搏斗〉公演特刊》，在特刊中，他详细撰写了长达十三页的“剧词诠释”，并且附上了他写的《本事》。演出的同时，加演由张可翻译、李健吾导演的奥尼尔的独幕剧《早点前》。

28日，《爱与死的搏斗》演出后反映强烈，法租界当局很满意，并颁发奖励。

本月，李健吾在柯灵主编的《作家笔会》上发表散文《塞先艾》，署名子木。

11月

6日、7日，《爱与死的搏斗》又接着加演。

罗曼·罗兰的这出话剧曾由徐培仁在1928年翻译出版过，书名为《爱与死的角逐》。徐培仁对李健吾的重译，主要是对冯执中的文章中的某些语言极度不满。7日，在《文汇报·世纪风》“关于《爱与死的搏斗》两种译本译者的话”专栏之二上，既刊登了徐培仁的《择机开张的广告》一文，同时发表了李健吾的《至徐培仁先生》。李健吾以极平和的语言写道：

> 生了气。您要我们怎么道歉才好呢？我不记得我在什么地方对于先生有过什么不敬。难道因为我重译了一下罗曼·罗兰先生的杰作？……饶恕我的多舌，题外的话我不会说，希望您原谅我的诚恳和粗率。有一点，我必须要指出的，就是，我的重译是由于上演的需要，并非就特意要重译一次，故意和先生为难，我始终没有说过一句褒贬的话，我也不知道什么叫作褒贬。如若上演不需要重译，剧社不会派我重译，这场风云自然也就不会起来了。让我向您再三道歉。让我向先译者致敬，因为您是先驱者。至少在介绍罗曼·罗兰和他的作品上，您是先驱者。我敬爱一切勤恳的工作，我同样敬爱您的工作。

9日，《文汇报·世纪风》上刊载了他的评论文《个人主义的两面观》（在收入1942年版的《咀华二集》时，改名为《个人主义》），他不反对个人主义，问题是什么样的个人主义。“选择文学作为事业，首先要用艺术描摹的语言。”其次，人无完人，就看他的作品所起的社会功绩。他举例马克思恩格斯对巴尔扎克和福楼拜的态度，巴尔扎克“一个入世的英雄”，福楼拜“一个逃世的隐士”，“对于人类和社会的贡献是不自觉的。一种共同的人类正义之感克服了偏见，甚至于各自的个人主义”。他举例鲁迅：“他为人类的幸福活着，不是为谁活着。这是真正的个人主义，也就不复为个人主义。”

13日，《文艺报·世纪风》上刊载了李健吾的一首新诗《消息》，表达了对老师周作人动向的关注。

16日，中法联谊会创办中法剧艺学校，李受聘为话剧科教授。

30日，李健吾为学生华铃的诗作写的序“诗人华铃论”，发表在《星岛日报·星座》上。

本年

李健吾写就了一部反映辛亥革命的大戏：八幕剧《草莽》。该剧是以辛亥革命为背景，写到宣统退位为止，革命似乎成功了，实际是失败了，该戏以革命者感到必须另寻出路为结尾。这个戏，他费时很长，最后也只完成上部，下部始终没有写出。

写成了一个剧本《青春》。这本剧作实际上是构思《草莽》过程中的一个枝节，写一对男女青年的爱情，其中留有许多他儿时生活的影子。说是喜剧，又透着悲剧的意味，发表后毁誉参半，演出效果也不佳。但是以它为原型的《小女婿》在新中国成立后却风靡全国。

1939年　33岁

（民国二十八年）

1月

10日，为学生华铃的诗写的序改名为“论诗与诗人——序华铃先生的诗集”发表在重庆《大公报·战线》第246号。此时，上海《大公报》已迁往西南。

20日，《剧场艺术》第1卷第2期上发表了李健吾在复旦大学海燕文艺社的演讲词：《演员和剧本——关于诵读》。从这里可以看出他对演员在舞台上讲话功底要求的深刻理解。他自己，也特别擅长于朗诵，朗诵是他参加聚会演出的拿手戏。

本月，李健吾在《咀华集》出版后，便立即寄给梁宗岱一本。他万万没有料到，梁宗岱在收到书的头一天，正在为天津南开大学举行作文比赛中一些学生作品中的文字气恼非凡，觉得学生滥用名词，在某篇文章中，居然用了三次“交响乐”，如：“室内什么都没有，只剩下我们四人的呼吸织成一曲交响乐。”他觉得简直不像话。他看了李健吾寄给他的《咀华集》，开始很欣赏，但是在看到评何其芳的《岩》的一段文字后，气大发了。在文中，李健吾是这样说的：“每次我读何其芳那篇美丽的《岩》，好像听一段生风尼，终于凌乱碎散，戛然而止。”他觉得这简直是牵强附会；同时，他对朱光潜在“美学”一文中，两次提到他认为与上下文无关联的“交响乐”也非常不满。于是，他构思了《从滥用名词说起》一文。

22日，李健吾接受了《文汇报·世纪风》副刊主编柯灵的要求，在家写《一年来的戏剧生活》。戏剧活动是他的副业，一种爱好，这样的题目让他来写，他担心人家会认为他自作多情，所以，在题目下加了一行副标题“编者命题”。

25日，《文汇报·世纪风》上发表了《一年来的戏剧生活——编者命题》。

2月

散文集《希伯先生》由文化生活出版社印行，为《少年读物小丛刊》第一集之五。

3月

1日，梁宗岱的《从滥用名词说起》出现在《宇宙风》第36期上，文中点了朱光潜和李健吾的名，说他们滥用名词，说他不明白李健吾的那段话的中心意思何在。朱光潜深知梁宗岱的脾性，没有打算用文字反驳，而敏感又容易激动的李健吾却立即采取了行动。

3日，李健吾写成《读〈从滥用名词说起〉——致梁宗岱先生》，文中他说：“我没有义务告诉你哪一句话特别重要，哪一句是我的中心观念。”4月2日，本文发表于《大公报》。

7日至14日，在《大公报·文艺》副刊（香港）第544、545、546、547、548、549、550期，连载书评《萧军论》。

22日，就在《这不过是春天》在上海公演前夕，他在《文汇报·世纪风》上发表了散文《时当二三月》。寂寞的上海孤岛生活，让他十分思念朋友：“什么地方去找往年轻快的心情？什么地方去会痴心相与的朋友？战争！战争像一个梦，一场噩梦。……什么地方是你？是我？”在文中，李健吾提起了五年前的事，曹禺对《雷雨》的发表还有些犹豫，《文学季刊》的编辑靳以给李健吾看了剧本《雷雨》，李给予了积极支持。李健吾在《时当二三月》一文中特别对比了这两出戏：“《这不过是春天》是琉璃，《雷雨》却是璞玉，琉璃的光焰是借来的，而璞玉的明澄是本身的。”他把《这不过是春天》说成是一出小戏，是几天工夫赶出来的，是巴金从他案头抄去的，是一个泡沫，而《雷雨》是一出大戏，是一片汪洋。

25日，《文汇报·世纪风》上发表《放下〈这不过是春天〉》，作为该剧演出公告之一，李健吾认为是导演成全了这出“坏”戏。

26日，剧艺社假座新光大剧院上演了经过精心准备的《这不过是春天》，李健吾亲自指导并担任警察厅长一角。该戏演出效果出乎意料的好。

本月，李健吾听朋友说，一位笔名为“旅冈”的人，在香港《大公报·文艺》副刊上，发表了一篇评述孤岛时期的上海戏剧运动的文章《上海剧运的低潮》。他觉得有些事实不符，没有正确评价当时的戏剧活动，特别是自己是亲历者，心情有些激动，在没有核对清楚作者真实身份的情况下在《导报》上发表了《关于“上海剧运的低潮”的辩正信》。在该文中，他指责：

> 旅冈先生既谈孤岛戏剧，一定常在圈子左右徘徊。可是，经我一询问结果，没有一位能够说出他在圈子里面。有人说，他是反对文明戏改良的萧乾先生。也许不是。有一件事是真的：就是他没有和孤岛从事剧运的有过较深的来往。假如是一位逢戏必看的观众，他可以多写剧评，作为旁山一助。然而，如果要谈什么内部组织问题，仅仅道听途说，便作为事实报告出去，我觉得是一种危险。

4月

2日、26日，《这不过是春天》再次上演。

8日，在了解到《上海剧运的低潮》的作者实际是宗玨，而不是“旅冈”后，李健吾为更正误会，特此在《文艺报·剧艺特刊》上发表《更正启事——关于〈上海剧运的低潮〉》。但是实际上，他指责的对象并未弄错，其实，宗玨就是旅冈，宗玨曾发表过《一年来的上海文坛》，而两者都是卢豫冬的笔名，文章还都是萧乾约写的。所以，“更正”完全没有必要。

15日，《文汇报·戏剧周刊》第3期发表了李健吾的《最先和最后和“A Drama”》。

本月，独幕剧《十三年》（原名《一个没有登记的同志》）由文化生活出版社出版，为巴金编辑的“文学小丛刊”第一集之一种。作者在卷末的《跋》中说道：

> ……孤岛的话剧运动迎头摆着许多难关，其中之一是租界当局的检查。为了便利演出起见，星期小剧场要我另改一个题目。“同志”二字未免刺眼，先是一个障碍。最后，想到男女分手的遥长时距，我把它改作“十三年”。……

5月

20日，李健吾的《记野蕻》（散文）发表在《鲁迅风》第14期。文章为悼念一位友人的早逝之作。

6月

2日，梁宗岱迅速回应的文章《〈从滥用名词说起〉底余波——致李健吾先生》登在了《大公报·文艺》副刊上。这篇文章基本还算平和，但是却因为对朱光潜的话不满，转回来把矛头对准了朱光潜，赶巧的还有，就在同时，巴金也对朱光潜提出了批评，朱在激动之下给予了还击，这件事就像是一场烂官司，在朋友之间形成。

25日，李健吾写成了《使命·跋》，说自己在写小说的过程中不断探索新的写作方式和突出对人物心理的描述的特点。

30日，梁、李、朱和巴金之间的这场争论最后由沈从文以署名上官碧的《滥用名词的商榷》而收场，他写道：“至于文学的进步……各有所信，也各有所守，分途并进且互相尊重……寄以十年，必会得到相当的进步。”平和而公允。大家搁笔作罢。

7月

本月，《撒谎世家》，由上海剧艺社演出，吴仞之任导演。

本月，李健吾参加“慈善公演大会工作人员及孤岛戏剧同志纪念契诃夫逝世35周年之纪念大会”，他主讲契诃夫的《樱桃园》。

8月

5日，李健吾的《说翻译》发表在《人世间》创刊号上。文章不长，非常清楚地阐明了他对翻译工作的看法：

> 翻译是一件难事，比创作还要难。……创作者需要深厚的生活，需要完美的表现；他要抓住本国的语言。一个翻译者全

需要，另外还要加上外国的一切。两个国家，两条生命，如今让他做成一个，真不容易。尤其是中国，和任何外国的一切相比，差别不可以道里计。

24日，儿子李维楠在上海出生。

本月，李健吾以笔名沈仪在《剧场艺术》第10期8月号上发表《我怎样看〈夜上海〉》。

本月，《〈夜上海〉和〈沉渊〉》发表在《夜上海·上海剧艺社公演特刊》上。

本月，《论翻译》发表在《人间世》第1卷第1期（创刊号）。

本月，《撒谎世家》由文化生活出版社初版印行，内附改编者写的“跋”。

9月

本月，《爱与死的搏斗》由文化生活出版社，初版本卷首有罗曼·罗兰的《序》，卷末附有陈西禾《罗曼·罗兰小传》、译者《本事》、译者《跋》。本书作为巴金主编《文化生活丛刊》之二十三。在《跋》的结尾处，针对当时的时局，他说：“把这些灵魂激荡的粼粼译给罗曼·罗兰知道，明白中国（尤其是当时成为孤岛的上海）今日和他剧作的精神，何等密合，何等需要卓然的启示，他一定会和上演《群狼》时节一样兴奋，一样欣纳他的成功——为人类不朽的精神服役的使命！”

10月

本月，张骏祥从美国回到上海，李健吾亲自到码头迎接，介绍他和于伶相识，并动员他留在上海。张拒绝了，后来他辗转去了重庆，在迁到安江的国立剧专教书。在安江，他组织演出了李健吾的戏剧《以身作则》。

本月，李健吾的《关于〈上海剧运的低潮〉的辩证言》发表在《导报》第4期上。

11月

16日，《宇宙风》第84期刊载了为他的学生林柷敔翻译的《恶之华》写的《鲍德莱耳——林译〈恶之华〉序》，遗憾的是林译的《恶之华》始终未得以出版。

27日，李健吾意外地收到华铃的来信，知悉他住在澳门，李健吾回信，告知华铃自己住址的变化，并说自己已不在国立暨南大学教书，只在孔德研究所工作，编写法国文学史，退出了文坛、剧坛和教学。

本月，为响应援助叶紫先生遗族募捐启事的号召，李健吾致函《大美晚报·浅草》表示，“愿以自己诗文的微薄稿酬移作赙仪”，签名者有（赵）景宋、林庚、李健吾等数十人。

本月，《死的影子》（小说），载《文学集林》第1辑《山程》。

月底，因为与孙大雨的矛盾，为另找住处，李健吾先送家眷回北京岳母家，然后回上海找房子。

12月

4日，早年在清华大学写的短篇和中篇小说结集为《使命》出版。“跋”在《大美晚报·浅草》上发表。

本年

《司汤达小说集》由生活书店出版。

在《文哲月刊》杂志社举办的座谈会上，李健吾做的演讲《文学批评的标准》发表在上海光华文哲研究组出版的《文哲月刊》第1卷6期。

应中法教育基金委员会下设的孔德研究所所长张定璜之邀，李健吾担任了该所的研究员，任务是编写一部法国文学史。

1940年　34岁

（民国二十九年）

1月

1日，《大公报》刊登了李健吾的译作《福楼拜信函——学生生活》。

23日，李健吾写成《小说和剧本——关于〈家〉》。

29日，《大公报·文艺》（香港版）发表以刘西渭为笔名的剧本《回忆“一·二八”》。

2月

6日至7日，李健吾写成评论《于伶先生与〈女儿国〉》，刊于《大晚报》，署名郝四平。

15日，小说《死的影子》再次在《南风》（上海）第2卷第4期上发表。

17日，在《学生月刊》发表评论文《韩昌黎的〈画记〉》。

3月

15日，《学生月刊》上发表他的评论文《韩昌黎的〈画记〉》。

31日，《大公报·综合》上刊登了他的翻译《艺术与商业》（[法]福楼拜著）。

本月，李健吾搬到法租界高恩路三五一号（即今天平路），妻子和儿子先到上海。因房主凶恶，只住了一个多月，就迁往上海殡仪馆的邻侧，徐家汇多福村弄堂里的5号底层居住。

本月，小说集《使命》由文化生活出版社印行，内收《使命》《结束》《死的影子》《田原上》《私情》《买卖》等共6篇，为巴金主编《文学丛刊》第6集中的1种。

4月

1日、3日、5日，李健吾的《叶紫论》连载在《大公报·文艺》（香港）第809、810、811期。

8日，他写成评论文《情欲信》。这篇文章详细地给出了他对当时中国新诗的看法，并指出了新诗的“情”和“辞”之间的辩证关系，两者“在措辞上是排偶，在意思上却是互相为用”。他进一步把情定义为“诚”：“艺术家的真诚是表现的最大真诚。”

16日，散文《弯枝梅花和疯子》发表在《宇宙风》第98期。

本月，李健吾为上海剧艺社暑期训练班讲授“朗读和表演”“编剧论”。

5月

5日，《情欲信》发表在《学生月刊》第1卷第5期上。

本月，由舒湮主编、光明书局刊印的《演剧艺术讲话》收入了他的《诵读台词》。

本月，在《宇宙风》第93、94、95期上发表了他翻译的《路易·布耶的〈遗诗〉序》（[法]福楼拜著），此篇后来在1949年收入《三故事》。

本月，李健吾在《戏剧与文学》第1卷第3期上发表了为《爱与死的搏斗》再版而写的《再版跋》。

6月

1日，《宇宙风》上发表了李健吾的评论文《曹雪芹的〈哭花词〉》。

7日，在《大晚报》上发表了《于伶先生的〈女儿国〉》。

本月，《戏剧杂志》第4卷第6期发表了关于话剧《上海屋檐下》的评论文章：《上海屋檐下》。

本月，李健吾回北京将女儿们接回上海。

夏季

李健吾参加曹禺改编的《正在想》的演出，扮演戏中的老倭瓜。

9月

10日，《剧场艺术》发表了李健吾的《宋春舫先生》。当时，宋先生患有肺病，孤独，喜爱戏剧，收藏中外剧本。李健吾认为没有权利指责已故的先生，而是“期望有一天把他的书库为贫苦有志者公开，……成立春舫戏剧图书馆”。

10月

14日，《知识的长者》（诗，手稿上名《知识的师傅》）发表在《正言报·草原》，署名“西渭”。

30日，早年在清华大学写的三出戏（《信号》《这不过是春天》《十三年》）结集为《刀光集》出版。为《刀光集》写的“跋”在该日的《小剧场》发表，文章有个副标题“废书的废跋”。文中，他说自己“从小直接承受革命的影响。他没有身当其冲。他受的也就是些影响。犹如这本集子的命名，他见到的仅是刀光剑影”。他接着写道：

> 经验教苦了他，人事罚他变成懦夫。他行为的平凡和想象的波澜是一个有趣的对比。他父亲革命的热情没有在他心头熄灭，更旺了，因为压在心头，也就更高了。这压成力量，骄傲，脊柱，撑起他多病的身子没有倒下去。他从人生里来，回到人生里去。他多给自己筑了一道桥：艺术。他属于一切。他爱真实，他恨污蔑。他不计较私人，因为他并非一个人活着，而是为人人活着。他父亲选择了政治；他选择了艺术。他父亲失败了，他相信他也要失败——你看，已然失败了。然而他们所要争的那个东西还在，永在。

文末写道：“《刀光集》只是一道痕迹，痕迹的痕迹，因为一切属于‘人海’，这里不过是一片浮光。”

本月，和于伶一起去拜访了丁西林。

1941年　35岁

（民国三十年）

2月

21日，《大公报·学生界》发表了李健吾的评论文章《夏衍论》。之后，此文曾在《大公报·文艺》副刊转载。

3月

14日深夜，中共地下党员于伶到多福村李健吾家，说要去香港，并请李健吾多多关照上海剧艺社的活动。于伶离开上海后，李健吾曾出任演出部长，但是他那时还没把全力投放在戏剧事业上，手头仍有许多法国文学的翻译和研究工作。

7月

本月，《学林》第9期上发表他为编写《法兰西文学史》写就的《罗朗歌》。

8月

本月，李健吾在《学林》第10期上发表继《罗朗歌》之后的第二篇文章《法兰西的演绎诗》。

本月，上海剧艺社召开三周年纪念，隆重演出张俊祥编剧、黄佐临导演的《边城故事》。

月底，在事先没有征兆的情况下，由于戏剧理念和经济等多方面原因，黄佐临等多名导演及演员脱离上海剧艺社，单独成立了上海职业剧团。

9月

1日、10月1日，李健吾选译的《情感教育》（［法］福楼拜著），在《西洋文学》第1、2期上连载。

10月

本月，香港《大公报·文艺》副刊开始连载话剧《黄花》，连载了两幕后，太平洋战事爆发。《黄花》写了一个舞女的遭遇，是在听到一个朋友谈及一位少女时引发的愤慨，表达了对国民党在“七七事变”后所作所为的不满。巴金看到后很喜欢，在给李健吾的信中说：“在这平凡的少女身上，我们却看到了无比的勇气和力量。”

11月

16日，在《萧萧》半月刊上以刘西渭的笔名发表《杂记》一文。此文发表在看完电影《秋》之后，原是被轰动的广告引诱，高高兴兴去的，看完之后感到沮丧、悲哀，之所以悲哀，“是感到自己的兴趣非常狭隘，所能欣赏的仅仅属于艺术上的存在”。别人把他归为“艺术至上的中国作家群”。“现代是生意眼的时代。……只要‘加上一把胡椒’，艺术即垂头丧气而拜倒门下，……”他写道：“一个人可以任性而为，……但是在艺术上犹如在友谊上，千万不要有意无意地挽别人相约。”

12月

本月，日本人进驻外国租界，上海全面沦陷，许广平被捕；大批戏剧家纷纷撤离上海，去了内地；上海剧艺社和上海职业剧团解散；李健吾本人因腰腿疼病和家庭牵累，继续留在了上海。

1942年　36岁

（民国三十一年）

1月

本月，《咀华二集》由文化生活出版社出版，收入巴金主编的《文学丛刊》第7集，署名李健吾，收入了他早年写的各类文章，共四类，甲类有：《朱大枬》、《卢焚》（即《读〈里门拾记〉》）、《萧军》（即《萧军论》）、《叶紫》（即《叶紫论》）、《夏衍》（即《夏衍论》）及其附录《关于现实》；乙类：《悭吝人》、《福楼拜书简》、《欧贞妮·格朗代》、《恶之华》；丙类：《旧小说的歧途》、《韩昌黎的〈画记〉》、《曹雪芹的〈哭花词〉》；丁类：《假如我是》、《自我和风格》、《个人主义》（即《个人主义的两面观》）、《情欲信》、《关于鲁迅》、《致宗岱书》、《序华铃诗》。

后来在日本宪兵去家抓捕时，不仅抄走了此书，而且还去文化生活出版社将所有印制的成书，包括新旧《文学丛刊》统统毁尽。故此版未能流传于市面，代之是1947年的第二版《咀华二集》，仅保留了甲类文章，题目也做了修改。

2月

15日开始，八幕剧《草莽》分三次在桂林《文艺杂志》连载。

4月以后

和黄佐临、朱端钧等合作继续寻找话剧活动的机会。

春季

上海孔德研究所解散，《法国文学史》的编写从此搁浅。李健吾彻底失业，没有了收入来源。

李健吾回复了周作人的信，拒绝了他北上教书的邀请。李健吾中学时的散文受过周的影响，周又做过他的主婚人，他对周作人在抗日战争爆发后的动向是非常关注的，曾经写文表达过关注，但在得知周作人出任日伪控制下的工作后，他整个地彻底失望了，回北京搬家期间都没有去看望周作人。李健吾自嘲，自己甘心做了李龟年。

上海话剧的商业化兴起，对困守在上海的戏剧界人士来说无一不是一个大好机会。李健吾从此真正地走出书斋，下海了，戏剧成了他的职业，成了他生活的来源。黄金荣的孙子黄伟对话剧感兴趣，成立荣伟剧团。李健吾、黄佐临、洪深等一起加入，走上了话剧商业化的道路，主要是以提供剧本为主，不过，他从此不再写剧本，而是选择了改编外国剧本。李健吾贡献的第一个剧目是他改编的巴金的小说《秋》。演出阵容强大，但收不抵支，不久他即脱离荣伟剧团。

5月

本月，译作《福楼拜函札记》载《西洋文学》第5期。

本月，剧本《火线之外》改名《信号》，作为“呐喊小丛书”第3种在文化生活出版社再版。在此抗日之时，原来的《出征歌》配上曲，歌词稍作改动，第二、三段配上小喇叭和军乐，第四段女生弹琴独唱，特别是最后群众的歌声，由远而近，越唱越响：“一死报国！一死报国！杀身成仁报祖国。”

6月

上海全面沦陷后，曾在圣约翰大学教书的王文显先生的生活相当拮据。本月，李健吾翻译了的王先生用英文写的话剧《北京政变》（揭露袁世凯称帝），取名《梦里京华》，请洪谟导演，由美艺剧社在辣斐花园剧场演出。当时有上演税可收，每星期，李健吾拿着黑皮夹子到剧场拿百分之六的上演税，然后转交到王文显手中。（据李健吾《王文显剧作选·跋》）

7月

本月，李健吾根据法国司克芮布作品改编的话剧《云彩霞》，由原清华同学赵燕生及其朋友沈令年所组织的艺光剧团演出，朱端钧任导演。后来才知道，该剧团背后有女汉奸李明参与组织，就断绝了来往。

本月，《李健吾戏剧集》（第一集）由文化生活出版社出版。

12月

《梦里京华》再次由联艺剧社在兰心剧院演出。李健吾还如同半年前一样，收取上演税，然后转交到王文显手中。

1943年　37岁

（民国三十二年）

年初

上海书局出版了李健吾从法国剧作家萨尔度（1832—1908）的剧作改编的《花信风》《喜相逢》和《风流债》。

李健吾应国立暨南大学法文班学生夏风（即高宗靖）之邀，参加他所主持的国华剧社。

4月

《〈大马戏团〉与改编》载《艺光公演特刊》之七《大马戏团》。

5月

李健吾在报上看到了杨绛写的喜剧《称心如意》，十分喜爱，推荐演出。公演之际（5月18日）在特刊上发表文章《〈称心如意〉演出前言》，并在该剧中饰演徐朗斋一角，该剧在金都大剧院上演。

《李健吾戏剧集》（第2集）由文化生活出版社出版发行。第1

集和第2集共收录了《徐守清》《新学究》《这不过是春天》《一个没有登记的同志》《梁允达》等5部作品。

6月

《万象》杂志自该月（第3卷第1期）起由柯灵接编，并进行了革新，成为敌占时期上海唯一正统的文学刊物。

夏季

李健吾由张恨水小说改编成了两部话剧《满江红》和《啼笑因缘》。这两出改编剧也曾由国华剧社演出。此剧社因维持困难，不久后解散。

同时期，李健吾应朋友吴天（上海剧艺社的导演）之邀，改编了《费加罗的结婚》，定名为《艳阳天》，由联艺剧社演出。事后才得知，该剧社的投资人张善琨是个汉奸。

9月

本月，尤淑芬由朋友李伯龙介绍，给上海南京西路梅龙镇酒家的经理当了一个月的秘书，赚钱补贴家用，后因家务繁忙而辞职。

10月

1日，在《万象》杂志上以“成已”为笔名发表了《未付邮——致曹禺书》，信中充分透露了他的寂寞、孤独，伴着淅淅沥沥的秋雨，怀念起过去两人一起演出，一起为话剧《日出》体验生活的情景，而今人到中年，“现在的社会是靠戏吃饭的人比干戏的人多了许多，剧本东抄西借，装置七拼八凑，……剩下几个真是干戏的人，……也只有默默地叹口气了”。文中，还附上了曹禺扮演《财狂》中角色的剧照。《雷雨》和《日出》他一直更喜欢后者。

10月

10日，以黄佐临为首的上海职业剧团改为苦干剧团，主要成员有柯灵、石挥、丹尼、白文、李健吾等。

本月，《万象》杂志上刊载剧评《风雪夜归人》（笔名刘西渭）。

11月

1日，《万象》杂志第3年5期，以简正的笔名刊载了他翻译的一位法国传教士百利安（O . Brière , S. J.）所做的《巴金：一位现代中国小说家》。

1944年　38岁

（民国三十三年）

1月

1日，《喜相逢》（四幕剧）发表在《戏剧时代》第1卷第2期。

本月，世界书局出版了他翻译的王文显的剧本《梦里京华》，为此书出版他写了“序”（写于1943年）。

本月，依据法国萨尔都原著改编的四幕悲喜剧《花信风》由世界书局出版，为孔另境主编的《剧本丛刊》第1集。

3月

本月，《蝶恋花·后记》，载《万象》该年3月号。

本月，据法国萨尔度原著改编的五幕喜剧《风流债》，由世界书局出版，为《剧本丛刊》第2集。卷末有作者“跋”。

4月

本月，世界书局集合四个剧本（师陀的《大马戏团》、石华父的

《孔雀屏》、方君逸的《梁山伯与祝英台》和夏霞的《寡妇院》）取名为“离恨天”结集出版，由李健吾作“序”。

本月，世界书局出版袁俊由美国电影《浮生若梦》改编而成的《富贵浮云》，李健吾为该书写了“跋”。

本月，早年写的三幕剧《黄花》由文化生活出版社出版，为《文季丛书》之十五。卷末作者在“跋”中写道：

> ……要是有人问我：这个小戏的对象是什么。我说：是寂寞，是孤独，是奋斗。我不要勉强人性。我要他平常而又平常。我不要把她做一个言辞激昂的英雄：她儿子的父亲是我们英勇的空军将士就够了。呈现她的形式似乎很对不住她，平而又平，不夸张，也不热闹，一个速写而已。

6月

《万象》第3年第12期发表了李健吾翻译的《七个铜板》（小说，芮斯克著，署名“西渭”）和《恋花》（歌剧）。

7月

1日，《张太太这样的母亲》（小说，署名“东方青”）发表在载《万象》7月号。

8月

因为考虑夫人待产，李健吾不得已将两个女儿送到当时在南京伪汪政府交通厅任职的岳父家，在那里的一所小学校里各念了一学期（二年级、三年级）。

27日，《给白玉薇女士》载《海报》。

9月

24日，苦干剧团开始上演李健吾的改编剧《金小玉》。尽管这出戏没有谈抗日，也不触及革命，但是善与恶之间的搏斗，让人们联想到日本军阀的残暴。该剧由黄佐临导演，丹尼饰女主角，石挥饰男主角，李健吾饰总参议。演出长达三个多月，轰动上海市，引起日方注意。

11月

1日，李健吾在《万象》杂志上发表了给桑先生的信，回复桑先生对《青春》一剧的意见，他不是在为《青春》辩护，而是非常明确地阐明了一个观点："戏剧，特别是高级喜剧，……往往是和悲剧为邻；它让人在笑后感到悲哀，不由不坠入思维。"

26日，第四个孩子、三女儿李维明在上海出生。

12月

6日至8日，《王琦与王士琦——敬答苏少卿先生》（上、中、下），分别发表在6日至8日《海报》上。

1945年　39岁

（民国三十四年）

1月

本月，李健吾以笔名应贲在《杂志·每月评谈》上发表了《岁末剧坛巡礼》。

本月，《在那黑的窄门洞里》（诗）发表在《大同周报》（上海）第1期。

2月

10日、11日，《关于〈以身作则〉一事》连载于《海报》。

本月，李健吾去南京将两个女儿接回。

本月，《杂志》2月号14卷第5期上发表了《〈煤山恨〉观后》。

3月

10日，《贵州日报·新垒》发表了《文艺界的合作》。

4月

19日深夜，日本宪兵司令部到家搜查，李健吾也被抓走。李健吾最心疼的是把从巴金处借来的，由父执景梅九编写的父亲受害的《罪案》和自己为今后写作准备资料的“小蓝本子”被搜走。逮捕他的原因，一是认定他在《金小玉》中辱骂了日军，二是想从他嘴里得到地下党的活动情况。二十天的牢狱生活和一个多小时的水刑，使他备受折磨，但是即使以死相逼，他也没有出卖一个朋友。

本月，苦干剧团上演他改编自《麦克白》的《王德明》，取剧名为《乱世英雄》，黄佐临导演。

5月

约9日，因为查不到李健吾和地下党有联系的任何证据，再加上朋友们的活动及清华同学会主席孙瑞璜代付的五十万元保释金，同时，又由孙协调与日方有联系的赵某与当时在伪南京政府工作的岳父联系的郑某共出担保书后，他被释放出狱，但要求每周日与宪兵军曹萩原大旭在后者指定的地点会面。

5月—6月，李健吾改编了莎士比亚的《奥赛罗》，取名《阿史那》。

6月

中旬，李健吾为摆脱日本宪兵的纠缠（加上好友柯灵的再次被捕），决定离开上海。为了不引起日方注意，由好友王辛笛认识的一个商人李化（本名陈大中）协助，先自己一个人启程赴杭州，化名李绍贤。

本月，四幕话剧《金小玉》改名为《不夜天》，抗日的意味重了一些。由重庆美学出版社出版，为“美学戏剧丛书”之一种。

7月

本月，《前线日报》“戏”第1期上刊载他写的剧评《〈玉狮坠〉剧本》。

本月，李化（其妻即为后来著名的华裔商人廖家艾）一家人偕同李健吾妻儿，到杭州与李健吾汇合，然后先搭船到富春，再搭卡车赴安徽屯溪。在富春意外遇见清华同学朱君惕，李绍贤的假名被揭穿。朱是国民党的干部，在国统区和敌占区之间活动，朱立即电话屯溪方面国民党的负责人吴绍澍，到屯溪后由吴的下属毛子佩接待。

8月

30日，日本投降的消息传来后，李健吾全家赶回到上海。因为着急，误坐了由陈立夫兄弟雇佣的船，这为他以后带来了麻烦。到上海，他们先住在国立暨南大学同事陈麟瑞的家里。

9月

1日，由朱君惕推荐，李健吾开始在上海市党部宣传部上班，任编审科长。他在无奈之下（也有他的个人打算，一是想弄到一个剧场，办一个戏剧学校，培养戏剧人才，二是想把曾在汪伪政府中任职而被作为汉奸关押的岳父救出来）允诺先干一个月试试。（见于李健吾在“文革”期间写的材料：《关于伪宣传科》）即使这样，他一贯的从文不从政的思维，还是使他觉得很不甘心，事前还找好友郑振铎商议。郑当时没有多想，在当时，他觉得在里面有一个人，也许好办事。那个时期，正是国共合作谈判之时。

5日左右，经在安徽相识的一位茶商的内侄介绍，交付了一笔租金，从要退房的朝鲜浪人手里租到了地处西摩路（现陕西北路）的华业大楼三层一个套房。后来上海的租房十分紧张，他能得到这样的住处，招来不少诟言秽语。

7日，李健吾在《文汇报·世纪风》上发表了第一篇《咀华记余》。

10日，《咀华记余·刘西渭是我的仇敌》，署名刘西渭，载《文汇报·世纪风》。

11日、13日，《正言报·草原》第3、4期上刊载了他的《元朝秘史》。

12日，《文汇报·世纪风》上刊载了一篇文章《咀华记余·无题》（编者给加的题目），对当时四位著名的女作家给出了恰如其分的评价，特别提到了在当时还是新人的杨绛。

14日，李健吾在《前线日报》上发表《尊重作家》。

20日，《每周影剧》刊载剧评《诗剧〈牛郎织女〉》

21日，夏衍从重庆回到上海（李健吾一个人去车站迎接）。夏受周恩来委托，把《救亡日报》改名为《建国日报》。夏衍先到华业大楼拜访李健吾，同时将中华全国文艺界抗敌协会的《慰问信》和《调查附逆文化人的决议》两份文件都给了李健吾。慰问信上署名：景宋、（郑）振铎、（夏）丏尊、（王）统照、健吾诸先生并转在敌人铁掌下坚贞不屈的文艺界先生。信函中，还专门请求景宋、郑振铎和李健吾三人负责约集和推动调查工作。夏衍离沪前，委托李健吾为著作权益代理人，当时，李健吾将夏衍所著《上海屋檐下》的演出费交给了夏衍。

29日，上海市教育局下令“派俞庆棠、徐则镶、李健吾接收第一日本国民学校”。这所学校坐落在横浜桥北堍，四川北路的东侧。学校的主体是一幢四层的西式风格的大楼、一幢两层的砖瓦小楼，校舍前面是一片操场和球场，在当时正是一个理想的戏剧教育场所。

30日，李健吾以有病为由先躲避，然后递交辞职，正好一个月离开了上海市政府。他离职是出于三个原因：1.无法借重市党部搞到剧场；2.受到郑振铎的责备；3.得知有一个通知，说要注意共产党的活动（见他“文革”中写的交代材料）。尤其是后两个促使他坚决辞职，离开伪市政府。

30日，《正言报·每周影剧》刊载了他的《控诉电影商人》。

10月

月初，李健吾起草《上海文艺界复中华全国文艺界抗敌协会书》，该文件上签字的有文艺界名士24位。

本月，他和黄佐临一起用餐时，说上海的戏剧人才济济，可以办一个戏剧学校。得到佐临赞同后，李健吾拟了一个呈文，两个人签了字，由他送到市教育局。接待李健吾的是朱君惕，朱引他去见了当时上海市教育局局长顾毓琇。自己也写剧本的顾毓琇十分热情，建议剧校为公立，由市教育局提供经费。李健吾非常高兴，特别是顾毓琇还是他的清华校友。顾毓琇还提议增加一名筹备委员——顾仲彝。顾仲彝当时在社会局文化处任代理处长。当日，两人相见，一拍即合。李健吾请他今后领衔，顾答应后，李健吾将报告呈上了教育局。

顾毓琇让他们组成管理委员会，接管虹口区的四家敌伪影剧院。其中，新中央剧院改名为海光剧院，由李健吾任经理；东和剧院改名为胜利剧院，由顾仲彝负责；还有一家就在学校的对面——上海剧场，确定为戏剧专科学校的实验剧场。上海剧场曾遭飞机轰炸，屋顶被炸飞，修缮需要大量经费。

7日，上海市教育局正式发文，委派李健吾、黄佐临和顾仲彝为剧校筹备委员会委员，由李健吾召集。筹备委员会建立时，在上海南京路梅龙镇酒家聚餐开会。到会的有顾毓琇、顾仲彝、李健吾、黄佐临、吴仞之和张骏祥。席间，顾仲彝被推选为校长，吴仞之为教务长，李健吾为实验剧场主任。地点就在横浜桥的那个原来的日本国民学校。实验剧场则是剧校对面的上海剧院。剧校的筹备工作由此正式展开。

12日，郑振铎建议，在由唐弢、柯灵、刘哲民等人主办的《周报》之外再办一个文艺刊物，《文艺复兴》杂志就这样诞生了。由郑振铎、李健吾任主编。《文艺复兴》杂志由文艺复兴社发行，发行人是钱家圭、刘哲民，上海出版公司总经销。

13日，在众人在讨论“未来的新中国”的大背景下，李健吾在《周报》上发表了他的散文《我理想中的新中国》。这篇散文充分展示了他对抗日胜利后新中国的期望，他希望理想中的中国是值得他骄傲的一个可爱的蒸蒸向上的国家。遗憾的是，接着而来的是令他痛心和不满的现实。

14日，《正言报·每周影剧》刊载《纯洁的艺术——欣赏梅兰芳先生的〈刺客〉》。

17日，中华全国文艺界抗敌协会上海分会在金城饭店举行成立仪式，郑振铎致开幕词，李健吾做了抗战期间文艺界情形的报告。会上推选理事会成员，共十五人。李健吾是理事之一。

本月，在他得知林徽因虽然有病，却没有病故的情况下，他发自内心地写下了题为《林徽因》的散文。这篇文章字数不多，但是对林徽因女士的评价却相当公正、完整，他敬重她的才华，理解她的孤独，佩服她的勇气和倔强。

11月

1日，国立戏剧专科学校筹备工作完成，学校宣布成立。

9日，《话剧样儿》一文在《大公报》上发表。

13日，在《新华日报》刊登了他的《不平之鸣》。他曾经被日本宪兵逮捕并且受到了折磨，胜利了，他看到在上海虹口区的日本人的生活仍然十分优越，而中国人的生活却非但没有改善，反而更坏。为此，他发出了不平之鸣。

15日，国立戏剧专科学校先修班开始招生。

17日，南京方面的张道藩到沪，顾毓琇出面招待。李健吾和顾仲彝出席招待会。在招待会上，张道藩强硬要求，学校只能叫上海市立实验戏剧学校。张道藩说，因为南京已经有了一个国立戏剧专科学校，上海不能再办。他们看重的胜利剧场被张道藩掠到名下，他们两人则被委任以南京国民政府文化委员的虚衔。

17日，在《前线日报》发表《新戏推荐》和《曹禺的〈蜕变〉》。《前线日报》“戏”第1期上发布了他写的有关剧校活动的《消息》。

17日，《周报》第11期“夜店专刊”刊出了他写的《〈夜店〉上演了》的演出海报。

20日，李健吾接受《时事新报》采访，关于上海市立实验戏剧学校的现状，他对记者说：“实验戏剧学校，这在我个人真也可说是实验，有顾仲彝、黄家镇、张骏祥、林圣时、陈瑞麟几位先生帮忙，任何艰难一定能有解决的办法。”

24日，李健吾在《前线日报》推介《少年游》《流亡曲》《离离草》。

24日，《前线日报》报道说，上海市立实验戏剧学校筹备工作已经完成，筹备委员会把工作正式移交学校办理。

24日，《正言报》报道，上海市立实验戏剧学校正式开始招生。“该校暂设先修班甲乙两班，免收学费，授课期间，均以二月为满，然后根据学业考绩，分别升入正科一年级或二年级，暂定三年卒业，……”报名者踊跃。

29日，《文汇报·世纪风》刊登李健吾的《挽三哥》（三哥是巴金的三哥）。

12月

1日，李健吾在《前线日报》上推介《妙峰山》，并发表《梅兰芳》。

1日，确定了上海市立实验戏剧学校的校庆日。李健吾为剧场主任，同时担任研究班教师，讲课内容为“研究班编剧术，编剧实习，演员组剧本分析”（据顾振辉《临霜傲雪岿然立》）。

2日，上海市立实验戏剧学校举行第一次校务委员会，决定续招新生，从即日起开始报名，并于9日在学校举行考试。

8日，李健吾在《前线日报》上发文章，推介于伶的《杏花春雨江南》，名为《于伶的〈杏花春雨江南〉》。

8日，李健吾在报上发表《问张骏祥、史东山》，公开询问从重庆回来的两位大导演对话剧做何打算。

15日，李健吾在《前线日报》上发文章，推介洪深的《鹤顶红》，文章名为《洪深的〈鹤顶红〉》。

19日，上海市立实验戏剧学校第一届先修班正式开学。

22日，《前线日报》上刊载剧评《徐昌霖的〈密支那风云〉》。

24日，上海文协举行第一次理事会。李健吾被推举为常务理事之一。

24日，《前线日报·戏》第2期上有刊登了他写的有关剧校活动的《消息》。

31日，上海市立实验戏剧学校接到市教育局的公文，将所在大楼的三层“供市博物馆筹备复馆之用”。

本月，李健吾1928年写成的《心病》，经修改后，作为巴金主编的“文学丛书”之十八，由文化生活出版社出版发行。在扉页上题有：“这篇小说写成的时候正是母亲逝世的时候。”

本月，《塞先艾》署名“子木”，《林徽因》署名“西渭”，发表在由春秋杂志出版社出版的《作家笔会》上。

1946年　40岁

（民国三十五年）

1月

3日，《和平日报·海天》第3期发表《萩原军曹磕头》。

4日，李健吾参加文协上海分会举行的首次文艺欣赏会。上海戏剧电影协会举行成立大会，被选为理事。

10日，《文艺复兴》创刊。刊物的封面也是李健吾设计的，用的是意大利文艺复兴时期的大画家米开朗琪罗的作品《黎明》，意味着胜利了，人醒了。后来的各卷封面也是由他选定：第二期封面他选的是米开朗琪罗的作品《愤怒》，意味着国共谈判破裂，内战又开始了；第三期的封面他选的是西班牙著名画家高讶的《真理睡醒，妖异出世》，意味着上海乃至整个中国的国统区民不聊生，走投无路，一片黑暗；第四期用的是名画《手》。李健吾的剧本《青春》及以笔名“刘西渭”发表的书评《清明前后》都登载在创刊号上。

10日，《道不远人》（杂文），载《青年界》（复刊号）“给青年特辑”第1卷第1期。

10日，五幕喜剧《青春》开始连载《文艺复兴》第1卷第1、2期。

15日，三幕悲剧《王德明》开始连载在《文章》第1期至第4期。

24日，中电剧团演出袁俊的《万世师表》，李健吾客串戏里的大学教授晏国栋。

27日，《文汇报》刊登了他在“杂志编辑人座谈会”上的书面发言。

本月李健吾两次出席《文汇报》主办的杂志编辑人员座谈会。

2月

10日，《如何开展话剧运动，捐税苛重是剧运的致命伤》（杂文），载《文汇报·星期天谈座》。

18日，参加文协上海分会欢送老舍、曹禺赴美讲学大会。

23日，《人民世纪》发表《我们需要米辣保》（杂文）。

23日，上海市教育局下文，剧校“三楼全部房屋全部交市立博物馆应用”。

25日，李健吾在《文艺复兴》第1卷第2期上发表《上海的现况》。

本月至1947年9月，李健吾作为《文艺复兴》的实际编辑，不断署名“健”或“健吾”发表《编余》，华业大楼的家也成了《文艺复兴》的一个编辑部。

3月

3日，《青春》在卡尔登戏院上演，由费穆导演演出。此剧，1944年创作完成，刊载在《文艺复兴》。

17日，《正言报·每周影剧》刊载戏评《袁俊为什么写〈万世师表〉》。

18日，《前线日报》刊载《戏剧语言》一文。

20日，之前，剧校“奉令举办夜校”，该日起开始报名。

本月，根据巴金同名小说《秋》改编的三幕七场话剧，由文化生活出版社初版发行，为《李健吾戏剧集》之六。

本月，《少年读物》第2卷第1期刊载了《活力》。

本月，《现代周刊台北》第2卷第1期刊载了《空当》。

4月

1日，《三本书》（书评，署名“刘西渭”）载《文艺复兴》第1卷第3期。

6日，《人民世纪》刊登其散文《闲话苏州》。

7日，《铁报》发表《山西没有日俘》一文，文中李健吾对阎锡山收留日军十分不满。

5月

1日，受聘为春秋剧社顾问。

2日，在梅龙镇酒家举办一个话剧界的集会，出席者有于伶、顾仲彝、李健吾、夏衍、佐临、石挥……还有平剧名伶周信芳……讨论的中心是戏剧工作者的福利问题。宋庆龄曾发起演剧募款，以所得一千五百余万元交给中华全国文艺界抗敌协会上海分会，指定“以数赠文协分会，四分之一赠中外文艺联络社，四分之一赠戏剧工作者，并指定为有文化人福利之用。……关于戏剧界的一部分，数目是三百七十五万三千三百四十五元，由宋之的、张骏祥、李健吾、于伶、柯灵五人接受文协的委托暂时保管。……”（据1946年5月3日《文汇报》）

4日，出席上海文协主办的“五四”文艺纪念会即文艺欣赏会。

4日，李健吾发表了《与石挥书》，文中分析了石挥不满演员待遇的原因，但是口气有些不妥，称呼石挥为“孩子”，又维护了上演税高于导演税的做法，从而抬高了剧作人，贬低了演员。这封信激怒了石挥，月余后，发表了《复李健吾先生》。

5日，李健吾在《铁报》上发表《〈金小玉〉在日本宪兵司令部》一文。

8日，李健吾就戏剧大众化问题给田汉写了一封信，李健吾认为，中国旧剧的改革应遵循两条路线：文人路线（文人的词辞）和音乐家路线（即谱曲），当下先从音乐方面入手。李健吾认为，平剧不能模仿话剧。

9日，《文汇报·文化街》专栏发表《悼刘基》（散文）。

11日，《周报》第36期发表《读〈中国作家与美国读者〉》一文。

12日，《周报》刊登了《娼而优之》（杂文），抗议对文人的待遇甚至低于娼妓。

13日，上海戏剧界在光华剧院聚会欢迎田汉归来，李健吾出席，田汉在两人交谈中回答了李健吾提出的一些问题。

14日，《新民晚报·夜光杯》刊载《走向工农商》一文。

14日，田汉就李健吾提出的旧戏改革回复了李健吾的信函。田汉强调，思想内容和艺术形式不能分开，改革应该先从思想内容入手。这是一种革命剧作家的口气，基本上否定了李健吾的意见。

18日，《周报》第37期刊登《法国的PAYON是什么》一文。

25日，《周报》刊载了《与田汉书——论改良平剧与地方戏》一文，同时刊载的有田汉的答复。

本月，李健吾以“法眼”为笔名开始为《铁报》专栏“旁敲侧击”写时评，基本上每日数条，表达对当时社会现状的不满

6月

1日，《文艺复兴》第1卷第5期刊载《为“诗人节”》。

17日，参加上海文化社战后文艺界座谈会，他在会上的发言题目是“沦陷期间的上海文艺界”。

19日，《大公报》刊载了他在剧校的讲话《论戏剧中的语言问题》。

30日，上海文化界260人联名发表“反内战，争自由宣言”，其中有李健吾的签名。

本月，《闲话苏州》（散文），载《人民世纪》（上海）第6期。

7月

1日，《上海文化》刊载《与友人书》，细数自己在敌伪时期的情况。在这篇文章中，他特别说明了自己当时做一个“有良心的小民”的心情和态度，介绍了自己在狱中受刑时的表现。在该文中，李健吾透露了他在沦陷时期的各项工作，在这里他非常明确地阐述了他越来越不喜欢福楼拜，而被司汤达所吸引，他说：

> 司汤达……参加了浪漫主义运动，而且在法兰西是最早、最激烈的战斗员。……他永远和唯我主义者的“我”斗争着。他永远在和丑恶的现实，在和造成这个现实的不合理的制度战斗着。……仇恨迷信和虚伪稀奇上，司汤达比前辈伏尔泰走得远多了。……他更猛烈的鞭挞是在宗教和封建制度方面……在这一点上，《意大利遗事》有着它特殊的反抗的意义。

1日，《文汇报》上安静地诞生了一个副刊《笔会》，连一句发刊词都没有，与《文汇报》的另一个老牌副刊《世纪风》不仅作者面貌相似，而且共用一个连载，主编是李健吾的老友柯灵。

1日，《记罗淑》载《文艺复兴》第1卷第6期。

2日，《方达生》署名“刘西渭”，载《文汇报·世纪风》。

6日，《人民日报》第1版上报道：“沪文化界二百六十余人发表反内战争自由宣言要求中共努力争取永久和平实现。”李健吾是宣言签名者之一。

8日，上海市立实验剧校所在的第十七区区民代表会在剧校四层大礼堂举行。大会通过了《拟请待呈当局将市立戏剧学校校舍迁址让改办国民学校救济失学儿童案》，此提案交到了上一级民意机关——市参议会。

14日，《申报》第9版刊载了顾仲彝的文章《实验戏剧学校的展望》在第3节“教授方面”提到“李健吾先生是我们的实验剧场主任兼剧本分析和名剧选读的教授”。

16日，《文艺复兴》第2卷第1期出版，他写的《关于〈文艺复兴〉》在此期上发表。此文是应《上海文化》组织的“上海杂志界的申诉”而作的。

26日，《前线日报》发表剧评《剧本推荐——袁俊的〈万世师表〉》。

本月至8月间，李健吾与郑振铎、钱锺书、冯亦代、黄佐临、王辛笛、徐迟等组成“美国文学丛书”编委会。

本月，他写了一些文章，介绍沦陷时期上海文艺界的情况。其中一篇《沦陷期间的上海文艺界》在《上海文化》刊载 。

本月，在《世界晨报·每周戏剧》第3期上，李健吾发表了译文《歌德考选演员》，并在《少年读物》第2卷4期上发表了《大自然的表里》。这两篇文章的作者都是一直伴随歌德左右的艾克曼。

8月

1日，署名“刘西渭”的《三个中篇》（书评）载《文艺复兴》第2卷第1期。

7日，李健吾写成《“咀华”记余》一文，详尽地叙述了抗日战争期间多位新老作家完成的各类文学作品。

9日，《中国风》载《文汇报·笔会》，主要分析了法国作家高地耶对中国的认识。

15日，与叶圣陶、熊佛西等一起参加上海市立小学工作人员会。

15日起，改编自法国剧作家博马舍（Beaumaichais）的名作《费加罗的婚姻》的四幕喜剧《好事近》（又名《艳阳天》），连载《文艺春秋》第3卷第2期至第5期。

16日，《“咀华”记余》在《文汇报·笔会》上发表。

24日，《周报》上发表《闻〈周报〉休刊有感》，又是一篇对现状不满的文章 。

29日，延安的《人民日报》发表报道，标题是《解放区文艺作品在上海受到读者热烈欢迎》。正文中提到，名剧作家刘西渭（李健吾）在一篇短文中把秧歌的改良者们称为“无名英雄”，并且说“在描写农民的秧歌剧中表现着文学生命的无穷希望”。

28日，署名“吉父”的作者在《世界晨报》上发表了《从〈抗战名作推荐〉想起》。李健吾回应该文的《与吉父书》，30日在《世界晨报》上发表。

本月，国立暨南大学复校，经钱锺书介绍，李健吾在该校任文学院外国文学专业教授。

9月

12日，在《侨声报·戏剧》上发表《祝观众演出公司》。

13日，上海市立实验剧校的“裁撤”风波起始，教育局又下令，校舍对面的上海剧场和学校宿舍应归属于宋子文名下的永安公司，理由是日本人在该地面上建楼前，该地皮是属于永安公司的。

22日，据该日《申报》报道，上海市参议会大会第二次会议开幕。在讨论教育经费时，上海市参议会议长潘公展下了结论：“教育事业当然最为重要……尤应特别注重国民教育的普及……有许多不必要的不继续的事情就不应该办，……”从而引发了剧校裁撤风波。

25日，上海市立实验剧校第二学期开课，注册学生96人，李健吾继续任教。

本月，中央电影制片厂的中电剧团负责人张骏祥与苦干剧团协商，将两剧团组合成上海观众戏剧演出公司，李健吾是理事之一。

10月

15日，《文艺春秋》第3卷第4期发表《我不敢想象》和“纪念鲁迅先生逝世十周年特辑”专文《要是鲁迅先生还活着……》。

19日，出席纪念鲁迅逝世十周年大会。

24日，《大公报》第3版刊登了洪深写的《我们抗议市参议会停办市立戏剧学校的决议案》。

27日，与剧作家田汉、吴祖光等聚会，商讨成立中国剧作者协会事宜。

30日，上海市戏剧界为市立实验剧校“裁撤”问题发表告社会人士书，165人在书上签名，李健吾是签名者之一。

11月

1日、12日，改编自席勒的《山河怨》（悲剧），在《文艺复兴》第2卷第4、5期上连载。

3日，与叶圣陶、沈雁冰、洪深、巴金等同赴复旦大学萧乾寓所，午后参加复旦学生座谈会并发表演说。

18日，《新闻报》发表李健吾的《剧运前途，不必悲观》一文。

29日，《前线日报·艺闻》发表与黄佐临的对话《谈〈草莽英雄〉》。

12月

3日，李健吾在当日《文汇报》第10版发表《行所无事——为市立剧校周年纪念作》。文中说：

> 大勇者垂死时行若无事，……人皆有死，死何足惧。……上海市立实验戏剧学校就要遵旨关门了。在关门之前，行若无事，学生听课，先生授课，应当做的全做了，而且做得那样勇敢。……他们师生是勇敢的，他们来到最后关头，不争不辩，只是行若无事。把成绩公开给社会看，唯大勇者始如此，谨预为之吊。

5日，《大公报》刊载《戏剧形式》一文。

9日，《新闻报·艺月》第2期上刊载《〈草莽英雄〉演出批评》一文。

14日，《我写〈和平颂〉》一文，载《文汇报·浮世绘》。

24日，最小的女儿——维永在上海出生。

本月，李健吾出于反对内战，维护国内和平的愿望，改编了希腊阿里斯托芬的《妇女公民大会》（闹剧），剧名为《和平颂》，交给上海观众戏剧演出公司排演。

本年

上海万叶书店出版了他于1944年改编的《金小玉》。

1947年 41岁

（民国三十六年）

1月

3日、4日，《大公报·文艺》副刊（香港）开始用“刘西渭”的笔名刊登《陆蠡的散文》。

5日，《大公报·戏剧与电影》周刊第15期上发表译文《独白和近代戏剧》（［捷克］里尔克著），并附有前言介绍作者的情况。

11日，李健吾改编的话剧《和平颂》改名为《女人与和平》在上海辣斐剧院正式演出。当时，美国电影开始大举进入，吸引了大众，话剧变得冷落了。为了吸引观众，保证票房，李健吾和演出组织者、导演一起费尽心血，在戏中添加噱头，增强了闹剧的气氛。但是在那时的大环境下，中心思想仍然能被观众理解，演出时，“《……再当炮灰，我们不去了……》，这一首词几乎没有一场不得到热烈的共鸣”。（摘自周立民《不散场的戏》中所引的演员刘厚生的《你往何处去》）

《文汇报》提前连载，丁聪配了插图。首演当天，叶圣陶题了首诗：“人生苦难关冥世，讽刺流传见政情。谁识健吾酸楚意，和平颂里悼苍生。”柯灵则明白地指出：“《女人与和平》的主题是反内

战，争取和平。这是目前中国四万万人的要求。”（见周立民《不散场的戏》）

15日，《文艺春秋》上发表了他的散文《远景》，表达了对抗日胜利后社会局面的不满：“我们最珍惜的那点美丽的远景似乎‘已随抗战的胜利结束而结束了’。”但是，他不愿意放弃：“那将是一个梦，但是我热望，因为假如不是这点子热望，没有人有力量活下去，而且活得美丽的。”

15日，《文汇报》刊载消息：剧校民校继续存在。《大公报》刊载新闻《剧校民校终免裁撤》。

21日，《新民晚报》首次报道，因“裁撤”风波，剧校原校长顾仲彝疲于奔命，请辞成功，熊佛西于当日正式接任。之后《大公报》《申报》均相继报道。熊接手后，李健吾原任教授工作未变，但是未见有剧场主任的头衔。

本月，李健吾在《生活》杂志的创刊号上发表了一篇译文：论画。该文中，附上了描绘人物头像画的过程。这篇文章表现了他对绘画的熟悉和爱好。

2月

7日，《流连忘返》（散文），载《大公报·文艺》副刊（天津）第61期。

9日，在《文艺报》上发表《话剧复兴座谈会上的发言》。

23日，在《文汇报·星期天谈座》的“被扼杀摧毁的文化”题下发表《文艺上的新倾向：通俗、尝试、暴露、讽刺》一文。

23日，李健吾在《文汇报》上，用笔名“刘西渭”发表了《从剧评听声音》，他说：

因为要出钱的老板放心你，然后才能谈长久合作。有了钱，有了信任，然后剧团就可以放手执行进攻的策略。……先别一上手就进攻，经济不叫你垮，政治也会叫你垮的。好戏不怕上，冷戏也不怕上，但是先得争取资本：钱和信任。

我老早和弄戏的朋友们声明过，我是不怕牺牲的。沦陷期间话剧走投无路的时候，我什么也为她干过。我的第一个策略是要“她”活，用干净钱“活”，第二个才谈的上“攻”。说风凉话容易，把剧团撂在你的肩膀上，试试看。

直率的回答更加刺激了那些“左”派文人，攻击之声更加激烈。

3月

1日，《文艺复兴》第3卷出版，刊载了《〈诗丛〉和〈诗刊〉》(书评)，署名“刘西渭”。

1日，《文汇报·笔会》开始刊载笔名“刘西渭”的系列西方戏剧评论文，第182期上发表了《马费公爵夫人》，第186期上发表了《海达·盖布乐》，第194期上发表了《阿尔丹》，第199期上发表了《老板上流人》。

3日，从柯灵交给他的楼适夷针对《从剧评听声音》写的文章《从答辩听声音》，李健吾看到问题的严重，只得以《敬答适夷兄》做了简单回应，表示全盘接受。两篇文章同时在《文汇报》上发表，柯灵以编辑身份做了《赘言》。

12日，《文汇报·笔会》上发表《情感与理智》，对许杰解释为什么写那篇文章——《从剧评听声音》，希望批评者情感与理智要配合好。

22日，《观察》2卷2期上重新刊载了所有《文汇报·笔会》刊发过的全部关于《女人与和平》的争辩文章。但是，据当时在台湾随父母生活的马小弥回忆，《和平颂》在台北的演出却相当成功，曾轰动一时。

22日，为了加强与国际的联系，上海全国文艺协会总会召开理事会，决议成立国际联系委员会，推曹禺、萧乾、杨刚、马宗融、李健吾、戈宝权、胡风七人为委员；并通告各分会，凡有关对外工作，统由总会负责办理。会刊《中国作家》，推叶圣陶、靳以、楼适夷三人为编委，由叶圣陶任主编。

26日，《文汇报·笔会》第205期发表了《费嘉乐的结婚》。

本月以后，经历了这场莫名的攻击，李健吾沉默了，返回了书斋，专心写作，潜心研究外国文学，专心教书。《和平颂》成了他改编剧本的绝唱。

4月

1日，《文汇报·笔会》第211期刊载了《烈杵骑士》。

8日，《大公报·文艺》（香港）《陆蠡的散文》（评论文）连载完。

11日，《文汇报·笔会》第220期刊载了《安娣高妮》。

13日，与田汉、阳翰笙、陈白尘、于伶、吴祖光等应中国福利基金会之邀，集体创作大型话剧《文艺春秋》。

15日，《新民报晚刊·夜花园》刊载了由熊佛西向学生转述的李健吾对学生演出袁俊《小城故事》的评价，突出的问题是学生的国语语音问题。

21日，《文汇报·笔会》第227期刊载了《陶哀妇女》。

21日晚，李健吾参加了上海市立实验戏剧学校欢迎新中国剧社的联欢晚会。由欧阳予倩率领的新中国剧社，曾赴台湾演出，适逢

“二二八事件”，遭受损失，不得不分批回上海。

29日，《文汇报·笔会》第232期刊载了《米狄阿》。

本月，《咀华二集》第2版出版，内容与第一版相差甚远，文题也做了许多变化，其中只收集了八篇评论文：《朱大枬的诗》（即《朱大枬》）、《里门拾记》（即《卢焚》）、《八月的乡村》（即《萧军》）、《叶紫的小说》（即《叶紫》）、《上海屋檐下》（即《夏衍》）及附录《关于现实》、《三个中篇》、《清明前后》和《陆蠡的散文》。作者在“跋”中，特别说了前版的“驳杂”，署名改用刘西渭，使之与《咀华集》的风格保持一致。后来流传于世的就是这一版的《咀华二集》。

5月

4日，《新民晚报》第3版上报道，四楼小剧场“为协助本市各文化团体演出起见，特制订外借办法……在外国影片充斥剧院，闹剧场荒，剧校之慨然出借剧场，诚为业余剧坛，学校剧团之福音也”。

10日，《文汇报·笔会》第238期发表了《艾翁》。

15日，《文汇报·笔会》第241期发表了《窝狄浦斯王》。

15日，《托尔斯泰看福楼拜》（评论文），载《文艺知识》第1集之二。

24日，《文汇报·笔会》第246期发表了《阿嘉麦穆隆》。

本月，改编剧《好事近》（即《艳阳天》）由怀正文化社出版，列为由刘以鬯主编的“怀正文艺丛书”之二。

本月，《中国新专校刊》该年第5期刊载了他在剧校的讲义《实事戏剧的产生》（学生记录稿）。

6月

1日起，《阿史那》（六场悲剧），开始连载于《文学杂志》第2卷第1—3期。

6日，《申报》报道："现在上海十一个剧团，已经决定借海光作为经常演出的场子……我们应当为全上海的话剧团体致贺，因为他们已经与一个共同的演出的戏院了。"十一个团体中有上海剧艺社、新中国剧社、观众演出公司、市立剧校、儿童剧团等。首次彩排，是由新中国剧团献演欧阳予倩的历史剧《桃花扇》。

27日，《人民日报》第1版发表消息："出席全国文代大会南方第二代表团抵平周扬同志等赴站欢迎。"李健吾是到火车站出席欢迎仪式的人员之一。

7月

1日，《文艺复兴》第3卷第5期出版，其中有一个《闻一多逝世周年特辑》。

12日，《联合日报周刊·文学周刊》上发表了《读〈日夜行〉》。

19日起，《从〈假凤虚凰〉说民主》（杂文），开始连载于《大公报·本市新闻》（上海）。

8月

12日，据《新民晚报》报道，剧人福利会决心整顿，首先改组了基金保管委员会，改推李健吾、黄佐临和孟君谋三人为委员，同时秘书也改选为刘厚生担任。

12日，《大公报》发表了散文《关于《〈春天〉和外一景〈大路上〉》。

13日，参加文艺春秋社欢迎艾芜、黎烈文茶会。

15日，《文艺春秋》第5卷第2期上发表了李健吾的《胜利后的法国现代戏剧》。

20日，《生活》上发表了李健吾的杂文《文人沦为盗匪》，借文人因为生活困窘而沦为盗匪，深表对现实的不满。

本月，在上海的讲话《谈业余剧团》（欧阳文彬记录），载《中学生》总190期。

本月，根据法国司克芮布的剧作*Adrienne Lecouvreur*，改编的五幕剧《云彩霞》由上海寰星图书杂志公司出版，为“寰星文学丛书”中的一种。卷首有演出剧照和“改编者附志”。“改编者附志”写道：

> 这可怜的热情的女戏子，真有其人，生于一六九二年，死于一七三〇年。她的遭遇和剧本所演相去无几。改编这剧本，当然稍有用意，制造一个江伶的故事，正也是在敌伪虎视眈眈之下的一种苦心。

9月

1日，《〈包法利夫人〉的时代意义》一文，载《文艺复兴》第4卷第1期。

本月，听从郑振铎对他的劝告：《铁报》是国民党的党报，不要在上面发表文章。他遂停止了《旁敲侧击》的工作。

本月，他的讲话《舞台上的读词》（欧阳文彬记录），载《中学生》总191期。

本月，海光剧院经营困难，亏损严重，剧院工作人员意见很大。李健吾出于无奈，与新中国剧社的合同期满后没有续鉴。

10月

当月，全家搬离华业大楼。之前华业大楼已转手，按当时的做法，收了新住户金山、张瑞芳夫妇的顶金，具体来说是八根金条。他用六根金条（包括修缮费）在远离市区的虹口区租了一所小三层楼：东宝兴路173弄9号，离实验剧校很近。另外两根金条，一根给了郑振铎，资助他出版《中国版画史图录》，另一根给他过去的学生高宗靖（即夏风），资助他解决办学（上海致远中学）的困难。

11月

1日，《文艺复兴》第4卷第2期出版后停刊，该杂志总共出了20期。

8日，上海市立实验戏剧学校组织周末晚会，节目中有李健吾和白杨的《爱与死的搏斗》的戏剧台词朗诵。

15日，在《文讯》第7卷第5期上发表翻译文《大路上》（独幕剧，［俄］契诃夫著）。

16日，《大公报·星期文艺》第58期上发表《〈契科夫的独幕剧〉中译本序》。

12月

5日，《大公报·文艺》副刊沪新第183期上发表李健吾的《纪德（Gide）》一文。

1948年　42岁

（民国三十七年）

1月

1日，《生活》杂志上发表杂文《没有人喝》；《新民晚报·夜光杯》上刊登散文《过节是人类自私的表现》。

5日，《文艺春秋》上发表李健吾的《中国电影在苦斗中》。这是他在参与《艳阳天》的拍摄过程中，感悟到的中国电影出品的艰难。

本月，曹禺到美国讲学一年后回国。李健吾参加了欢迎会。

3月

15日，李健吾参与了电影的工作，体会到了中国电影事业的艰难，写成《中国电影在苦斗中——拍摄〈艳阳天〉偶感》发表在《文艺春秋》第6卷第1期。

20日，杂文《书教令——也算科学论文》，载《人世间》副刊第10期（第2卷第4期）。

本月，在曹禺导演的影片《艳阳天》中饰演反角金焕吾。

4月

16日，《大公报》上刊登了他的文章《拉杂谈福楼拜——答一位不识者》。在这篇文章中，他说他认可福楼拜写作的认真和严肃，但是他并不对福楼拜入迷，既然干了一件事，就要干到底。这确实是他做事的风格，不论是对福楼拜的研究，还对司汤达、巴尔扎克，更不要说莫里哀。他对文学事业是严肃对待的。

本月，小说《情感教育——一个青年的故事》（［法］福楼拜著），由文化生活出版社初版发行。卷首有译者“序” 。作品有上卷6章、中卷6章、下卷7章，共19章。

5月

《中国作家·五四谈文艺——文协十周年暨文艺纪念特刊》，刊载郑振铎、景宋、李健吾等人的讲话《我们的话》。

7月

15日，《文讯》月刊发表《拉杂说翻译》。

15日起，《向贵人看齐》（喜剧，莫里哀著），连载于《文艺春秋》第7卷第1—3期。

本月至9月，上海市立实验戏剧学校暑期公演，六个剧目中有三个是李健吾的改编剧（《黄花》《这不过是春天》《以身作则》）。

本月，森林出版社出版的《中国新诗》第2集《黎明乐队》收录了李健吾的《从生命到字，从字到诗》。这篇文章完整地叙述了李健吾对诗歌的看法，诗要表现生命，最先的方式是通过字，于是对字的要求就必须严格，要使字能具有生命的活力。

本月，在所颁布的《上海市立实验戏剧学校演出实习手册》中，已不见李健吾的剧场主任头衔，演出由演出委员会负责，委员名单中已经没有李健吾。

8月

12日，朱自清病逝。

30日，在上海文协与清华同学举行的朱自清追悼会上，李健吾致辞。

本月，任东吴大学教授，讲“莎士比亚”“戏剧”两门课。

本月，《契诃夫独幕剧》由文化生活出版社出版发行，内收《大路上》《论烟草有害》《天鹅之歌》《熊》《求婚》《塔杰雅娜·雷宾娜》《一位做不了主的悲剧人物》《结婚》《周年纪念》共9篇，卷末附有《契诃夫自传》，作为“契诃夫戏剧选集”之六，“译文丛书”之一种。李健吾在《序》中写道：“这里是九出独幕剧，契诃夫的独幕剧全部包括在内。每出都是一个小小的杰作，正如他的短篇小说在世界文学之中称雄一般。”

9月

1日，李健吾的《朱自清先生纪念》一文发表在《文潮》月刊。

15日，《什么是一位经典作家》（［法］圣·佩甫著）载《文风月刊》第9卷3期。

本月，译作《包法利夫人——外省风俗》由文化生活出版社出版，卷首有译者“序”。共26章，上卷15章，下卷11章。卷末附有《发表与诉讼》《公诉状》《辩护状》《判决书》。此书为“译文丛书”之一种。

11月

本月，散文集《切梦刀》（收录1945年以后的系列散文）正式由开明书店出版。内收《乘驴》《送礼》《烧饼之战》《拿破仑第二》《建筑是一个伤心的说明》《案头的悲哀》《弯枝梅花和疯子》《北平》《给北平》《奇迹》《纪野蘖》《萩原大旭》《〈罪案〉》《小蓝本子》《悼“五四”》《怀王统照》等26篇，最后是《切梦刀》（代跋)。此书为巴金主编“文学丛刊”第10集之一种。

本月，五幕戏剧《青春》由文化生活出版社出版，有丛刊本和文集本两种，为巴金主编“文学丛刊”第9集之一种。

12月

月初，诗人、共产党员臧克家被四处追捕，不得不东躲西藏。一日，夫妻俩避进李健吾家，在尤淑芬准备晚饭时，突闻门外有人敲门，臧克家立即躲进三楼的藏书室，健吾慢悠悠下去开门，来人未进门，外人走后，他高声呼叫：“刀削面下锅了！”危险不存在了。（见臧克家《一个勤奋乐观的人》)

15日，译文《什么是一位经典作家》（[法]圣·佩甫著)，载《文讯》第9卷第3期。

9月至12月，《文艺复兴》杂志改头换面，出版了“中国文学研究号”上册和中册（下册是1949年8月出版的)。由于资金不足，作者都不拿稿费，但杂志还是维持不下去，不得不停刊。李健吾的编辑工作生涯到此终结。

本年

海光剧院的运行日益艰难，李健吾最终辞去海光剧院经理一职。

1949年　43岁

2月

12日，《剧讯丛刊》发表《剧节剧人语》。

21日，范泉主编的《星火日报·文艺》第61期“戏剧特辑”刊载了李健吾的《诗剧的翻译》。文章透露了他翻译莫里哀诗剧《斯嘎纳赖勒》时的想法。他冒险尝试，想把莫里哀的诗剧作风尽量介绍过来，为创造中国的诗剧做出贡献。

本月，李健吾辞去东吴大学教授的工作。

3月

15日，《文艺春秋》第8卷第2期3月号发表《〈斯嘎纳赖勒〉——一名〈绿头巾〉》。此文即是《诗剧的翻译》，名称不同而已。

6—8日，《大公报·大公园·影剧座》上发表了一篇杂文《说一个没有来头的演员想做明星》。

4月

月底，小女儿患伤寒，肠穿孔，住院开刀，因被注射链霉素留下终生遗患——听力障碍。

5月

中旬，维永病未愈，在家卧床。维楠、维明也被感染，同时卧床。

26日，维音、维惠遵母命，去虹口区医生家请医生来到家里给弟妹诊病。

6月

6日，上海市军管会接管上海市立实验戏剧学校。

26日，出席中华全国文学艺术工作者第一次代表大会的上海第二代表团77人抵达北平，住宿在留香饭店。文代大会筹备会及在平文艺界人士周扬、茅盾、丁玲、欧阳予倩、艾青、田汉、冯乃超、洪深、柯仲平、周文、程砚秋、胡风、马思聪、钟敬文等均前往车站迎接。巴金和李健吾等均为上海市出席会议的代表。临行前，陈毅市长设宴欢送。李健吾临行前思想深处是困惑不安的，因为一直被指名并被批判为“京派”的人物，而好友沈从文根本没有出席的资格。

本月，开明书店出版了他翻译的《莫里哀喜剧集》（上辑）八种，分别是《可笑的女才子》、《党·璜》（一名《石宴》）、《屈打成医》、《乔治·党丹》（一名《受气丈夫》）、《吝啬鬼》、《德·浦叟雅克先生》、《向贵人看齐》、《没病找病》等。其中，《可笑的女才子》有译者《总序》、译者《莫里哀剧作年表》、译者《序》、著者《原序》。李健吾在《总序》中写道：

莫里哀在中国始终没有一部比较完全的译本，可惜我这里译了长短十七出他的喜剧杰作，仍然算不得全集。他写了约莫三十来出戏，可以确定是他的有三十一出，另外传到后世的还有一些短诗，但是我仅仅选出十七出戏介绍给我的同代的中国读者。……我分成上下两辑，并不是依照年月的先后，而是依照工具的运用，散文语言的归在一起，诗语言的又归在一起。

本月，与多年不见面的弟弟李养吾见面。两人到照相馆留了一张合影。他曾表示，这是他在新中国成立后感到十分愉快的事。李养吾曾在1938年6月进入延安抗大学习，9月入党，之后参加八路军，后来辗转成为二野的政治干部，随着解放大军进入上海，1950年转入北京，在高等法院任刑一厅副厅长。（见李健吾《自传》，1958年版）

7月

2日，中华全国文学艺术工作者第一次代表大会开幕，7月19日闭幕，会期共17天。

在会议期间，作为好友，他曾和巴金等人到沈从文家进行了探访。在这次会议上，李健吾见到了多年不见的好友郑振铎，郑还是那样谦逊友好，这是使他兴奋的事。

本月，译作《三故事》（［法］福楼拜著）文化生活出版社印行。初版本卷首有《福楼拜小说集译序》、［法］喀罗丽娜·高蒙维勒《亲密的回忆》、《译者序》，卷末附有福楼拜《路易·布耶〈遗诗〉序》，内收《慈悲·圣·朱莲的传说》《一颗简单的心》《希罗底》共3篇。作为“译文丛书”之一种。

9月

本月，所有的孩子都被送入住家与剧专之间（隔着横浜桥）的广肇公学中小学暨幼儿园。维永在幼儿园，维明和维楠在小学，维惠在初三，维音上高中一年级。

10月

1日—12月23日，他在《影剧日报》“清明小唱”总标题下发表了共计34篇戏剧评论方面的短文。

11月

本月，上海市立实验戏剧学校改名为上海市立戏剧专科学校，李健吾担任戏剧文学科主任兼任校工会主席。同时，继续在复旦大学兼职任教（国立暨南大学已并入复旦大学和上海交通大学）。授课之余，他仍然不停地翻译和写作。

本月，《影剧日报·图画增刊第四期·上海市立戏剧专科学校四周年校庆纪念特刊》第2期刊载了他写的《活的话剧》。文中写道：

> 因为搞戏的必须时刻想到群众，而共产主义正是群众哲学的实践，所以戏剧学生事先要对共产主义获的深切了解。共产主义教我们认识群众的重要，无论是群众的智慧，群众的福利，群众的个别生活，全都值得学习。我们的任务是那他们的时代在舞台上做给他们看，成为他们喜闻乐见的出品。

这就是活的戏剧。

4日，李健吾参加《小说》编辑部假座百老汇大厦的《高干大》座谈会，积极发言，但发言总是遇到反驳，甚是尴尬。第二年年初，他参加小说《种谷记》的座谈会时，就采取了敷衍的态度。

本月，《青春电影》第19卷第23期刊载消息："十二月一日为市立剧专校庆之日，该校现已筹备，拟于一日至十日演出二十场，一为解放区的剧本《大榆树》（白文编），由陈西禾导演，一为《大渡河》，由李健吾导演，如赶排不及，则仍演《钢铁是怎样炼成的》。"《大渡河》因剧装问题演出未成行，改排四幕剧《小鬼凤儿》，李健吾执导（据李健吾《话剧〈小鬼凤儿〉公演说明书》）。

12月

本月，应教学需要，李健吾从英文转译的《高尔基戏剧集》正式由上海出版公司出版，共收有7部剧作：《底层》《野蛮人》《仇敌》《怪人》《瓦莎·谢烈日诺娃》《日考夫一家人》和《叶戈尔·布雷乔夫》。

本月底，与巴金、王辛笛等人投资创办了平明出版社，具体事务由巴金的弟弟李采臣负责，社址在上海市汕头路八十二号。李健吾此举是为了巴金兄弟，他们与文化生活出版社创办人吴朗西决裂了（吴朗西辞退了他原来的干将，巴金的弟弟李采臣）。之后，李健吾的相当部分著作交由平明出版社出版，算是以稿酬入股，但从未领过利息。1954年，公私合营时期，两个出版社均并入上海新文艺出版社，即后来的上海文艺出版社。在1955年，他曾领取过一些定息。就因为这个，差一点被认定为资本家。

1950年　44岁

1月

1日，《小说》第3卷第4期发表了他参加的小说《高干大》座谈会（1949年12月4日在百老汇大厦举行）的实况。

年初，四幕剧《小鬼凤儿》在上海市立戏剧专科学校演出，他为导演，同时发表《话剧〈小鬼凤儿〉公演说明书》。

2月

1日，《小说》第3卷第5期发表了小说《种谷记》座谈会的实况。

5日，《大公报》发表了《〈红旗歌〉是一出好戏》一文。

本月，李健吾翻译的《托尔斯泰戏剧集》由平明出版社出版，共有3本：《光在黑暗里头发亮》《头一个造酒的》和《文明的果实》。

3月

尤淑芬由上海市立戏剧专科学校校长熊佛西推荐，在该校干了七个月的事务员。

4月

3日，《文汇报》刊登他的评论文《〈大榆树〉和〈小鬼凤儿〉》。

5月

31日，《光明日报》发表了李健吾在上海市立戏剧专科学校做的自我检查：《我学习批评和自我批评》，往自己头上扣了“个人主义”“自由主义”及“小资产阶级意识”等帽子。

本月，平明出版社出版了他翻译的巴尔扎克的论文《司汤达研究》，并写了“前记”。

6月

8日，《大公报》刊登《新的史诗——座谈〈保尔·柯察金〉》一文。

7月

24日，李健吾出席上海市第一次文学艺术工作者代表大会，大会于7月29日闭幕。上海市文学艺术界联合会于24日正式成立。梅兰芳、巴金、冯雪峰、胡风等75人被选为理事，他被选为候补理事，候补委员一共31人

9月

本月，二女儿维惠考入上海市立复兴中学高中部，儿子进入粤东中学初中部。

10月

8日，《解放日报》刊登了李健吾的《我有了祖国》一文。这篇文章表达了他对新中国的真挚感情。

11月

本月，中国人民志愿军入朝，全国掀起抗美援朝热。

本月，尤淑芬由上海市立戏剧专科学校的事务员改任该校图书馆管理员。

12月

12日，作为《美帝暴行图》的演出说明书，他用了《向集体学习》这样一个题名。文中说明这是全校师生的集体努力："假如全校师生不是对于美帝的罪行有了明确的认识，坚定的仇恨，步伐一定不会这样整齐而且有效。"

本月，为了配合形势，李健吾赶出了两个独幕剧，与其他人的剧本合成《美帝暴行图》，由新华书店华东总分店出版发行。

冬季

李健吾到安徽蒙城参加当地的土地改革，担任县土地改革委员会委员，历时两个月。

年底

在生活基本安定的情况下，他和妻子带着五个子女到照相馆，留下了一张全家七口人的合影。他和妻子穿的全是解放初期的深蓝色“人民装”，他头上还有一顶和人民装相配的帽子。

1951年　45岁

1月

31日，李健吾又和孙道临、周小燕等赴山东解放老区进行十数日的参观学习。

2月

12日，李健吾完成了《致在朝鲜作战的中国人民志愿军》一文。应该说，这封信是出自内心的，过去一直备受欺凌的弱国，居然和美帝国主义作战，并转败为胜，这种感受可想而知。

23日，《致在朝鲜作战的中国人民志愿军》一文在《大公报》上发表。

本月，《翻译通讯》2卷5期上发表《翻译笔谈》一文。

5月

平明出版社出版了他的声援抗美援朝的相声集《原来是一个货色》。他是在紧跟形势，但是对新中国的热爱和对美国侵略朝鲜的愤慨是由衷的。

6月

28日，妻子尤淑芬由同事介绍加入中国总工会教育工会，成为该会成员。

本月，平明出版社出版了李健吾译的《屠格涅夫戏剧集》，共两本：《落魄》和《贵族长的午宴》。

7月

本月，李健吾把在山东体验生活的五篇文章集结成一个报告文学集《山东好》，由平明出版社出版发行。卷首有《前言》，卷尾有《附录：读〈铺草〉》，内收《向劳动人民学习》《我爱这个时代》《民兵英雄》《淹子崖》《向民间艺人学习》《农村剧团》《毛主席的文艺先锋》。

9月

儿子李维楠转入致远中学。

10月

平明出版社出版了李健吾翻译的《普洛米修士被绑》。

1952年　46岁

4月

15日，他完成了长篇纪念文章《维克多·雨果》，充分肯定了雨果的人道主义的战斗精神，但是也点出了他的矛盾之处。此文于1982年收入《李健吾评论文选》（宁夏人民出版社版）。

5月

3日，法国大诗人雨果逝世150周年纪念，他写的《人类，我爱你》载当天的《人民日报》。

6月

22日，《文汇报·文化广场》上刊载了他的长篇《走好第一步》。在文中，李健吾对自己的资产阶级思想，做了像模像样的检讨，包括自己接受过的教育、自己对政治的态度、自己改编的话剧《和平颂》等等，把批判他的各种语言加在自己的头上。这份检讨是三年来对他的批判和冷落的不得已地回应。

7月

大女儿李维音高中毕业，被要求留校担任政治辅导员，协助上海市教育局参加了三期毕业生训练班的工作。工作结束后，突然被通知去参加高考。

8月

月底，李维音被青岛工学院录取，并受上海市教育局的委托，携带着99名被录取学生的档案离沪到青岛，大学学费和生活费由国家提供。

9月

平明出版社出版了李健吾的译作《宝剑》（雨果著）。

10月

6日，第一届全国戏曲观摩演出大会在北京开幕。辽宁省评剧团《小女婿》荣获一等奖，在解放初风靡全国。作者实际是依据李健吾的话剧《青春》改编的，但却没有打招呼，也没有说明。他听说后，只有苦笑。

本月，在上海市立戏剧专科学校任职的尤淑芬，由于幼女病情反复不得不辞职，回家护理子女，保证丈夫工作。

本年

李健吾受聘为人民文学出版社特约翻译。

1953年　47岁

1月

本月，平明出版社出版了李健吾译的《屠格涅夫戏剧集》之三《单身汉》。

本月，他产生了离开上海的想法，起因一说是上海戏剧学院领导决定，将戏剧文学系撤销，学生分别转入复旦大学和中央戏剧学院。李健吾在学院里成了一名可有可无的教授。另一说是当时华东地区文化部副部长在北京表示，李健吾表现很不好。他觉得在上海待不下去了。后一种说法依据他在“文革”中，自己写的材料《关于实验剧校》。

2月

22日，经政务院文教委员会决定正式成立文学研究所，这是新中国成立后创建的国家的第一个文学研究专业机构。任命郑振铎为所长、何其芳为副所长。不久，当时的文化部部长周扬通知何其芳：他已和北大领导谈好，文学研究所附设在北大。

春季

李健吾给郑振铎写信，谈了他的处境和想离开上海的想法。

5月

本月，李健吾在《文学月刊》上发表了对苏联话剧《曙光照耀着莫斯科》的观后感——《曙光照耀着戏剧艺术》。

7月

二女儿李维惠高中毕业，考取清华大学建筑系，到北京学习。大女儿李维音按教务处要求从青岛到上海参加留苏生的选拔考试，之后被录取，并于8月底前赶赴北京俄文专修学校接受语言训练。（据李健吾《我的自传》，1958年版）

夏季

他专程去北京拜见郑振铎。郑痛快地欢迎他去北京新建的北京大学文学研究所，并安排了他与周扬见面。接着，去见了何其芳。

9月

23日，中国文学艺术工作者第二次代表大会在北京召开，上海出席会议的名单里没有李健吾。

11月

本月，李健吾出席中国作家协会华东分会成立大会，当选为理事。

1954年　48岁

1月

30日，给巴金写信，说他正在为唐湜修改译文《悲剧集》，并希望在平明出版社出版。

2月

月初，文化部调令下达，李健吾成为北京大学文学研究所的研究员。但是他还是结束了该学期的课程才离沪。

本月，平明出版社出版了他翻译的剧本《钟表匠与母鸡》（伊·克切尔加著）。

7月

本月，全家前往北京，先落脚在西城民康胡同25号。这是他内弟尤炳圻在北京早年继承祖父的一个小四合院。此时，正是大女儿去苏联学习的前夕，二女儿在清华大学学习，全家在北京短暂相聚。李健吾到北京大学文学研究所报到。

本月，《剧本》发表他的《契诃夫——歌颂劳动和生命的剧作家》。

8月

本月，平明出版社出版他翻译的《屠格涅夫戏剧集》之四《内地女人》。

本月，李健吾接着又回到上海，在上海戏剧学院举办的全国导演进修班上做了专题报告，题为：《关于莫里哀的三个喜剧作品》，讲演过程始终热情洋溢、活灵活现，就好像他自己置身莫里哀的演出现场。

9月

10日，巴金借到北京开会之机，当晚约了曹禺到李健吾家，大家一起在家用餐，黄佐临则临时有事，没有来。

本月，李维楠进入北京四中高二学习，李维明和李维永进入北京西四育德小学。

本月，新文艺出版社出版了他观看波兰戏剧《罗森堡夫妇》后的观后感《一对普通男女——推荐〈罗森堡夫妇〉》。

11月

15日，《人民日报》发表了他的《阿里斯托芬——热爱祖国的伟大喜剧家》。

年底

从上海回京，全家搬入在北京大学文学研究所的家——中关村二公寓二单元一楼。他也正式开始文学所的工作。

1955年　49岁

春季

可能是因为搬家劳累，他的腰椎间盘脱位又发作，在床上躺了半年，后经西苑医院一位老中医治愈。

养病期间，李健吾在文学所内的第1项任务是编译《莫里哀的喜剧全集》。他先完成了长篇论文《莫里哀的喜剧》（约有4万字），全面系统地介绍了莫里哀的喜剧艺术。

9月

本月，两个小女儿转入北大附小读书，一个读五年级，一个读三年级。

本年

本年至1956年9月，尤淑芬曾在北京大学图书馆工作。

1956年　50岁

1月

14日至20日，中央在北京召开了全国知识分子问题会议。

为了贯彻这次会议精神，中国科学院发出“关于实行晋升职称、升级制度的通知”。领导和李健吾谈话，说二级研究员就行了。他对于从此有了固定的收入，满意之极，甚至自己买笔墨和稿纸，完全不了解，这些是工作的文具，可以从所里领取（注：小女儿李维永的回忆）。

4月

26日，文学研究所讨论通过了研究所学术委员会的名单，学术委员有：郑振铎、何其芳、钱锺书、罗大冈、蔡仪、余冠英、杨思仲、卞之琳、李健吾、贾芝、毛星、力扬、王燎荧。

春季

李健吾到北京后，一切都很顺当。某日，心情不错的李健吾兴致勃勃地带着全家去逛了一次西山，然后写成了《说游山的脚力》。

7月

12日，《人民日报》发表李健吾的《与丹尼书》，提出了观看《罗密欧与朱丽叶》时的一点遗憾：花园太小和演员对白时声音过高，失去了莎士比亚戏剧的诗意和环境的优美。

17日，给巴金写信说，小说《包法利夫人》已交付审阅。

21日，《人民日报》刊载了丹尼的回信，解释了他们布景设计的考虑和演员声音过高的原因。信写得客气而且诚恳。

本月，为了鼓励大家支持《人民日报副刊》，举办了一次座谈会。在该会上，李健吾热烈发言，说钱锺书是一位非常出色的学问家，出于风趣。夏衍说："你捧钱锺书，我捧杨绛。"

本月，李健吾寄给了《人民日报》副刊自己写就的《蛇与爱》。这篇文章内容新颖，把可怕的蛇赋予了人的感情，说白娘娘是伟大的，她的执着的爱情也是伟大的，特别在文尾写道，蛇向来藏在阴暗里，冷不丁会出来咬你一口，等等。这些出格的话让主编为难了，最后由胡乔木定夺，决定发表。

9月

5日，刚开学，小女儿李维永因幼年伤寒小肠穿孔手术部位发生肠梗阻，病情严重。在送医院的当日，本来约定宴请由沪到京，曾一起在《文艺复兴》杂志工作过的周煦良、刘哲民和柯灵，不得不立即发信取消会晤，请求原谅。

5日，给巴金写信，诉说对小女儿李维永疾病的苦恼。在信中，他得意而又俏皮地让巴金猜《蛇与爱》一文是谁写的，同时提到此文“结尾处可能会得罪人，也顾不得了”。

尤淑芬也为此再没有外出工作，成为一个真正的家庭妇女，任劳任怨，辅佐丈夫，照顾孩子。该日他写的《蛇与爱》在《人民日报》上发表，署名丁一万。

16—18日，《人民日报》上连载了《三部关于妇女问题的戏剧杰作》，介绍了欧利庇德斯的《美狄亚》、易卜生的《娜拉》和莫里哀的《夫人学堂》。在文中，李健吾说，旧社会妇女的社会问题，“时至今日，这类社会问题已经接近解决了。民主国家已经把男女平等放在自己的宪法里面。妇女权利有了明确的保障。三位剧作家如果还活着的话，我相信会以一种胜利心情，欢迎民主国家这种具有革命性的英明作为的”。

本月，经过培训考核，尤淑芬接到了北京教育局任职中学数学教师的通知书。

本月，儿子李维楠已从四中毕业，被保送进北京大学理论物理系；李维明小学毕业，进入清华附中。

本月，《莫里哀的喜剧》被收录进《文学研究集刊》正式出版。

12月

本月，发表《现实与理想——看〈阴谋与爱情〉的演出》一文。

本月，他在所内负责编辑《西方古典作家论现实主义和浪漫主义（第二分册法国部分）》一书，在中国科学院内部油印出版。其中除了写编后记和校对工作外，有10位古典作家的文章的节译工作由他本人完成。中国科学院准备出版《文艺理论译丛》，他是编委之一。

1957年　51岁

1月

16日，《人民日报》发表《论〈上海屋檐下〉——与友人书》，文中说：“《上海屋檐下》是夏衍的杰作之一。他写了好几出关于上海的好戏，几乎碰到所有的角落，对我特别意味隽永的，要以《上海屋檐下》为最。所以你说这出戏最近要由中国青年艺术剧院演出，我的喜悦之情立刻就洋溢心头了。”但是，“是好剧本，不就一定好演。对演员来说，《上海屋檐下》正是一种考验。戏不在一个房间发生。间间房间不是同时有戏，然而没有戏的时候，不但必须有戏，还要不妨害另一房间做戏。在台上维持潜台词，需要对人物的性格和生活环境下极深的工夫”。

23日，李健吾在上海《文汇报》上发表《一个电影观众的话》一文。

2月

5日，《人民日报》发表《关汉卿〈单刀会〉的前二折》一文。文中，李健吾说：“整个这出英雄颂剧，素朴有力，对比鲜明，效果卓越，显出了关汉卿写戏的多样的盖世才华。布局有层次，进行迅速，线条率直，气势雄浑，收煞明朗，唱词自然豪放，就英雄颂剧一格而言，确是千古绝唱。”

10日，《人民日报》发表《看〈谭记儿〉》一文，他对川剧团成功演出了这出改编剧，感到十分欣慰。

24日，完成《十九世纪法兰西现实主义小说艺术的影响——纪念〈包法利夫人〉成书百年（1857—1957）》长篇论文。该文被收录于《文学研究集刊》第4期。

24日，《人民日报》发表了《意大利喜剧之父哥尔多尼》。

4月

29日，《解放日报》发表《领导对话剧的支持远不及对电影的支持》一文。

本月，《人民文学》4月号上刊载了他的《说游山的脚力》。

本月，《戏剧报》第2期发表了《看〈同甘共苦〉的演出》。《同甘共苦》这出戏似乎在“反右”或者“反右倾”期间被否定过，不然，在1962年广州会议上不会为它平反。

本月，曾去上海看戏，4月底离开上海回到北京。

5月

17日，《人民日报》上刊登《去看〈三毛学生意〉》。

28日，《人民日报》刊登观剧感想《谈〈虎符〉演出的某几点》。

6月

11日，《人民日报》发表了他的《佐临的“布谷鸟又叫了”》一文。他对黄佐临的导演艺术非常欣赏：“4月底，我离开上海之前，有福气看到他新近导演的《布谷鸟又叫了》。我笑不拢口，觉得自己年轻了。”

8月

1957年第1期《文艺理论译丛》由人民文学出版社出版。

9月

3日，《文汇报》刊登《一对普通男女——推荐话剧〈罗森堡夫妇〉》一文 。

10月

9日，《人民日报》刊登《无事生非》一文 。

24日，《人民日报》刊登《看川剧随笔》一文。

12月

本月，《戏剧报》第23期刊登了李健吾的祝词《〈焚香记〉与〈琵琶记〉——重庆市川剧院演出》。

本月，第2期《文艺理论译丛》出版，此册是巴尔扎克专辑，李健吾作为主要编辑和译者，不仅为其他人的翻译书写了后记和该期的编后记，并且收入了他自己翻译的三篇文章：《评雨果的戏剧和诗》（[法]巴尔扎克著），《巴尔扎克小说的历史意义》（[法]拉布吕耶尔著），《巴尔扎克葬词》（[法]雨果著）。

1958年　52岁

1月

3日，李健吾在《光明日报》发表《 看〈百丑图〉随笔》。

3月

9日，《光明日报》刊登《永远跃进》一文。李健吾幼稚地认为，自己没有被打成“右派”是由于自己的表现，却毫不了解郑振铎、何其芳等朋友出了多少力。

10日，中国作家协会举行了文学评论工作大跃进座谈会，就中国作家协会书记处提出的“文学工作大跃进三十二条（草案）”及如何发展文学评论工作问题展开了热烈讨论。出席会议的有林默涵、张光年、毛星、李健吾等数十人。会议由邵荃麟主持，他对文学评论工作的状况和任务做了简要说明。李健吾等都表示，在做好翻译和研究工作外，一定争取时间多写评论。

11日，首都外国文学工作者集会座谈发展文学翻译工作的问题，并分别提出个人的跃进规划。座谈会上发言的有邵荃麟、曹靖华、李健吾、卞之琳、朱葆光、金克木、高植、叶君健、陈冰夷、戈宝权等。李健吾表示，计划到1959年，争取比原计划提前半年时间完成《莫里哀喜剧集》。

本月，新文艺出版社出版他翻译的《巴尔扎克论文选》。其中，书评部分收入了《评雨果的戏剧和诗》和经他修改过的《司汤达研究》并改回巴尔扎克原来的篇名：拜耳先生研究，同时为该文撰写了后记。

4月

《人民文学》刊登了戏评《读〈茶馆〉》。

7月

15日，《三个好观众》发表在《人民日报》。

27日，《关汉卿创造的理想性格》发表在《戏剧论丛》。

本月，人民文学出版社出版的《我们与阿拉伯人民》一书中收录了他的诗作《向黎巴嫩儿童致敬》。

8月

6日，中国科学院哲学社会科学部开展“拔白旗，插红旗”运动。文学所专家钱锺书、孙楷第、李健吾、杨季康等，受到大字报的点名批判，郑振铎的《插图本中国文学史》也受到批判。何其芳看到，老所长郑振铎竟然也成了全所批判对象，感到吃惊，不同意这种做法。他在所务会议上提出，对郑先生批判一周。而对钱锺书、孙楷第、李健吾、杨季康等学术批判，只限在中国科学院哲学社会科学部古代组、中国科学院哲学社会科学部西方组进行。

19日，李健吾写了一篇“自传”，实际是一份检查和交代，文末写道：“通过‘双反’运动，我进一步认识到我的资产阶级立场一直保留下来，学术观点和思想方法还是旧一套，甚至于政治立场还没有完全转变过来。这是非常可痛心的。”最后还表态：“我坚决争取在两年以内做到又红又专，基本上达到本所的一半学术水平。”

27日，《戏剧论丛》刊载他的论文《〈关于演员独特见解〉前言》。

27日，李健吾完成论文《一篇不确切的“前记”》。

9月

月初，李健吾全家由中关村宿舍搬出，住进东城区王爷府学部宿舍。

本月，李维明转入北京五十八中学，李维永转入东四五条小学。

10月

8日，郑振铎在文学所会议室就自己的《插图本中国文学史》做了深刻的检查。李健吾参加了这次会议，对自己深爱的老朋友受到如此严厉的、不公正的批判十分的同情和不解。会议结束，他特意在会议室门口，与郑握手，表示同情。

18日，郑振铎按原计划率中国文化代表团出访阿联酋、阿富汗等国，乘坐的飞机在苏联上空意外失事，全部人员丧生。死难的人做烈士处理。

中旬，对郑振铎的批判无法进行，矛头转向了李健吾，批判的就是他的《十九世纪法兰西现实主义小说艺术的影响》。批判的方式和语言完全照搬对郑振铎的批判，由三个年轻人带头，也是在文学所的会议室进行，批评他没有认真学习马克思主义，没有认清自己资产阶级学者的老一套错误，是因为世界观和立场问题。李健吾经过这次批判，心情郁闷，开始陷入沉默。他一方面仍按文学所给他的研究课题编写文集，同时，在家开始默默地为研究司汤达和巴尔扎克认真地看书，记笔记（足有200页厚、A4大小的笔记本记了一满本），写成了《巴尔扎克的〈人间喜剧〉》（没有发表）。另一方面，他开始大量写作戏剧技巧和看戏后观感等杂评，但是写文章的口气和风格都发生了变化。

本月，“拔白旗”之后，李健吾被安排随同事二十多人去了房山乡下，了解人民公社，接受社会主义再教育。要求为期三个月，但是在那里只待了两个月，年底前全班人马回了北京。

1959年　53岁

年初

李健吾全家又由王爷府宿舍搬入东城无量大人胡同学部宿舍，与诗人卞之琳同住一个院。小女儿也随之转入西总部胡同小学。

3月

6日、11日，中国科学院哲学社会科学部文学研究所内先后召开党内会议，何其芳说："这次开所务会议请副研以上参加，被批评的本所同志，如孙楷第、钱锺书、杨季康、李健吾，都可以写文章。"

4月

本月，《漫谈改编剧本》载《剧本》第4期。

本月，论文《〈红与黑〉里的于连及其它》，载《文学知识》第4期。

6月

本月，李健吾写成《怎样训练一个演员演“阿尔巴贡”》一文。

7月

18日，《光明日报》上发表《看〈绿原红旗〉》。

本月，李健吾写成《战歌——看话剧〈东进序曲〉》。

本月，二女儿李维惠清华大学毕业，被分配去了青海省建委。

本月，大女儿李维音从苏联回国探亲，然后在当时的俄专集训。她了解前一阶段的“反右倾”活动，但是她完全不知道父亲被“拔白旗”的事。回家探亲见到是父亲悠闲和满面春风的神态，得意于当时研究所给他的工资。生活安定了，这是他到北京后的感受。

8月

2日，《文汇报》刊发《拉杂说〈大雷雨〉》。

7日，《人民日报》刊发《〈伪君子〉——莫里哀的戏中演的最多的一出》。

30日，大女儿结婚，女婿刘启陆（1929年生，哈工大毕业后到苏联学习，获副博士学位后回国，分配在二机部四局）。尤淑芬给女儿买了一件连衣裙，赶着周末，她在家做了几个菜，让女儿和同班4个女同学一起吃了顿晚饭。第二个周末，全家和他的岳父（当时在北京钢铁学院任教授）母到照相馆照了一张全家福。这就是李健吾夫妻为儿女结婚操心的唯一的一次。实际他也没有操心，家里甚至从不过生日。

9月

本月，《剧本》第9期上发表《赵太后新用事……》。

本月，《文学知识》第12期发表《法国大喜剧家莫里哀》。

本月，三女儿李维明考入北京农业技术学校。

10月

8日，大女儿李维音到二机部十三局报到，履行保密宣誓。

本月，《电影艺术》发表了《我看影片〈林则徐〉》。

本月，《莫里哀喜剧六种》稿件交付上海译文出版社，“序”在《戏剧研究》第5、6期上发表。

11月

本月，完成《看〈蔡文姬〉的演出想到的》一文。

本月，《新观察》上发表《从哀伤到欢乐——演出成功的〈蔡文姬〉》。

12月

16日，《光明日报》刊载了李健吾在观看《阴谋与爱情》之后，写的《现实与理想》。

本期《文学知识》发表了他对丁西林剧作的读后感《读〈三块钱国币〉》。

本年

经查明他已患上高血压症。

年末，李健吾写成《释〈人间喜剧〉》（未发表）。

1960年　54岁

4月

本月，《电影艺术》刊登了《舞台剧改编为电影剧本》。

6月

本月，《电影艺术》刊登了《每个时代、每个阶级对戏剧都有自己的要求》。

7月

28日，大外孙女儿刘瑛在月坛产院出生。一周后，李健吾夫妇满心喜悦地到产院，把女儿和外孙女儿接回，对这个头生外孙女宝贝至极。

8月

6日，《北京晚报》发表《两个好喜剧——〈墙头记〉和〈万家香〉》。

9月

本月，小女儿进入北京十二中读初中。

11月

20日，《戏剧报》第20期发表了李健吾的《我的一些感受》，评论了海政文工团演出的话剧《甲午海战》和歌剧《红珊瑚》。李健吾对这两部戏是相当满意的。

12月

本月，写成《〈甲午海战〉与历史剧》一文，正式发表是在1964年4月28日《文学评论》第3期上，后收入《戏剧新天》。

本月，《戏剧界》第23至24期上发表了李健吾写于1956年的《话剧与话》。

1961年　55岁

1月

27日，李健吾在《文汇报》上发表《〈刘三姐〉——一首抒情的戏剧战歌》一文。

30日，《人民日报》刊登《竹简精神·一封公开信》一文。

2月

24日，《人民日报》上又刊载了李健吾的更正："竹简是写不是刻。"

3月

8日，二女儿李维惠与同时被分配到青海西宁的同班同学任世英成婚。李维惠，1959年从清华大学建筑系毕业后，被分配到青海西宁工作。

6月

24日，李健吾在《人民日报》上发表戏评《海派与周信芳》。

7月

2日，《人民日报》上刊载了他写的戏剧评论文《从〈柜中缘〉谈起》。

4日，李健吾在《人民日报》上发表戏评《窦娥冤—— 悲剧性》。

7日，李健吾在《人民日报》上发表戏评《窦娥冤—— 丑的插入》。

8日，李健吾在《剧本》上发表戏评《诗情画意—— 谈〈钟旭嫁妹〉》。

12日，李健吾在《人民日报》上发表戏评《〈陈州粜米〉——戏剧性》。

22日，李健吾在《人民日报》上发表了他第一篇的"艺术短简"《欧也妮·葛朗台——精确性》。

31日，李健吾在《人民日报》上发表了他的第二篇"艺术短简"《欧也妮·葛朗台——社会的存在》。

本月，李健吾携儿子维楠（学校暑假）去山东曲阜，在游览周围名胜三四天后，与一群同行的年轻人一起攀登泰山。那天适逢下雨，等雨稍小后，就鼓动年轻人向上攀登，直达峰顶。

本月，《剧本》7、8月号上，刊登他对丁西林剧作的读后感《读〈孟丽君〉》。

8月

12日，李健吾在《人民日报》上发表《白娘子永镇雷峰塔——自然面貌》。

本月，《文学评论》第4期上，发表他的读书笔记《巴尔扎克是一个什么样的正统派》。

9月

9日，李健吾在《人民日报》发表《可喜可贺——看晋剧青年演出》，后被收入1980年版《戏剧新天》。

10月

本月，李健吾在《山东文学》发表《曲阜游记》。

11月

本月，在《人民文学》上发表《雨中登泰山》。此篇被收入中学教科书。

1962年　56岁

1月

10日，李健吾在《文汇报》发表《精译一些外国剧本》一文。

2月

24日，《人民日报》发表他的散文《社会主义是一首最美丽的诗》。

3月

1日，戏评《张巧云》载《北京日报》。

2日—26日，全国话剧、歌剧、儿童剧创作座谈会在广州举行。林默涵在讲话中，特别肯定了李健吾在编的《外国古典剧理论译丛》。

会议期间，李健吾被会务组邀请发言。他在无奈之下，确定了发言题目《漫谈编剧的一些技巧问题》，避开了政策等方面的大事，只谈技巧方面的细节。

5月

本月，李健吾曾在苏州做了几天短暂的休养。

本月，《光明日报》记者依据他在广州会议上的发言《漫谈一些编剧技巧问题》（该发言是在会务组坚持下的即兴发言）整理成文，他在苏州仓促过目后，见报。

7月

本月起，李健吾在所内的《文艺理论译丛》编辑工作又得以恢复，但是改名为《古典文艺理论译丛》。他承担起为他人的译文写后记和每期的编后记工作，并在该月出版的第3册上，发表了自己翻译的文章《拉辛和莎士比亚》（［法］司汤达著）。

8月

4日，散文《枣花香》，载《山西日报》，回忆了他短暂快乐的童年。

本月，李健吾的《我看歌剧〈白毛女〉》一文载《戏剧报》。

9月

本月，全家搬入干面胡同东罗圈胡同11号4201居室，即中国科学院研究员的宿舍楼。

本月，儿子李维楠被保送在北大读研究生，女儿李维明考入北京天竺苗圃学习。

10月

2日至13日，在辽宁大学讲授“法国十九世纪现实主义文学”。

下旬，为中国戏剧家主办的青年剧作家读书班讲授“莎士比亚专题”。

12月

20日，《北京晚报》发表《社会主义人物抒情诗——致佐临同志》。

21日晚，首都文化界集会纪念世界文化名人、西班牙剧作家洛卜·德·维迦诞生四百周年。贺敬之主持，李健吾在会上详细介绍了这位世界文化名人的生平和作品。纪念会后，中国戏曲学校演出了洛卜·德·维迦的名剧《羊泉》。李健吾在纪念会上的讲话《光荣属于人民的号手——纪念世界文化名人洛卜·德·维伽诞生四百周年》刊登在当年《中国戏剧》第12期上。

30日，中国戏剧家协会邀请首都几十位著名戏剧家，座谈北京人民艺术剧院首次上演的朝鲜名剧《红色宣传员》。在座谈会上，戏剧评论家李健吾、著名电影导演兼演员崔嵬、中央实验话剧院副院长舒强和作家黄钢等分别就这个话剧发表了自己的看法。

本月，评论文《试论于伶的剧作并及〈七月流火〉》载《剧本》第12期。

本年

李健吾还写成《试谈导演莫里哀的喜剧》，后被收入《李健吾戏剧评论选》。

1963年　57岁

1月

17日，《北京日报》发表李健吾的《迎成都市川剧院》一文。

23日，《光明日报》发表李健吾的戏评《〈秀才外传〉剧本分析》。

26日，《人民日报》发表李健吾的戏评《一日看尽长安花——〈费加罗的婚礼〉赞》。

本月，上海译文出版社出版《莫里哀喜剧六种》。

本月，李健吾写成了戏评《社会主义的田园剧——喜看〈红色宣传员〉的演出》。

2月

17日，《人民日报》发表李健吾的《传神的素描画像读〈王式廓素描集〉》一文。

4月

8日，外孙任晓宁（二女儿维惠的儿子）在青海西宁早产出生，之后母女回到家中休养。

14日，《文学评论》发表李健吾的《戏剧的特征》。

23日，《北京日报》发表李健吾的《社会主义花早开——迎晋南蒲剧院青年剧团》一文。

6月

6日，《光明日报》刊登李健吾的《充满人民的乐观精神——看高甲戏》一文。

7月

28日，《光明日报》刊登《一部风格明快的影片》一文。

8月

本月，李健吾参加中国戏剧家协会召开的北京戏曲工作会议。

本月，《文学评论》第4期为回答读者刘之新在致《文学评论》编辑部的信中提出的问题，李健吾的“巴尔扎克在他的《农民》里，是像他所说的那样公正吗?”与刘之新的提问均在该杂志同期上发表。

9月

27日，大女儿李维音的二女儿刘珂在北京月坛产院降生。

本月—10月，因内弟尤炳圻的推荐，李健吾被甘肃师范大学邀请去讲学，顺道去了西安、延安。在西安做了演讲，题目是《关于独幕剧的创作问题》。在西安，专程去富平县看望了多年不见的大哥李卓吾。当时，李卓吾已经从耀县煤矿会计岗位退休在家。这是兄弟俩新中国成立后的第一次见面，也是最后一次见面。在兰州讲演的题目是《莫里哀和巴尔扎克的现实主义与手法》。

本月，李维永进入101中学高中部。

10月

本月，二女儿李维惠夫妇调至吉林建筑设计所工作，儿子留在北京由李健吾夫妇照看。两位老人对这个外孙子也是宝贝有加，外孙儿女给他生活带来不小的快乐。

本月，西北之行回来后，社会科学院组织一批老专家去山西侯马参观"先进点"。因为离家乡（运城）不远，他参加了。在那里住了十来天，不是去看曲沃县的"先进点"，就是到绛县去看棉花试验田。临离开前，晋南地区领导安排他们在侯马礼堂蒲剧院看了西戍编的现代戏《青春的光彩》。看完戏后，他直闯后台，发表感想。办事人员知道他喜欢看老戏，又安排他观看了王秀兰的《藏舟》和阎逢春的《舍饭》。从此，他对这两位艺术家有了深刻的印象。

11月

在《剧本》杂志该年第11—12期上，发表了他于10月参加独幕剧创作座谈会上的发言：《独幕剧——时代的尖兵》。

12月

5日，《北京日报》发表了《阳光大道——看群生河北梆子剧团的〈血泪仇〉》一文。

1964年 58岁

4月

1日，《工人日报》发表他的《为社会主义的独幕剧鼓掌》一文。

10日，《北京日报》发表李健吾的《从李光珠演赵五婶想到的》。

5月

本月，出席现代戏编剧座谈会。

6月

20日，《新建设》第6期发表李健吾的《社会主义话剧的戏剧冲突》。

本月，文艺界“整风”结束，每个人都要有个鉴定。上面给李健吾的鉴定书里写了两条，一、上海沦陷后，李健吾曾将剧本给了日本人暗中经营的剧团，意味着汉奸的罪名；二、在上海伪政府任职的一个月里，参与禁演进步戏剧和删改进步剧本等活动，并在国民党吴绍澍主编的《铁报》上发表文章属于反动。尽管李健吾对第一条坚决反对，拒绝签字，但是档案里保留了这个鉴定书，且通过内部渠道，在本人毫不知晓的情况下，发往各儿女工作的单位。

本月，《文学评论》第3期，刊载了李健吾于4月28日写成的《社会主义的话剧——学习札记》，从话剧民族性、戏剧性、人物造型、性格语言四个方面，对1963年以来的现代题材的话剧进行了细致地评说。

7月

4日起，李健吾在《北京日报·一九六四年京剧现代戏演出专辑》发表了系列文章：4日的《社会主义的好唱儿—— 一封信》，8日的《给五代开辟了一个新天地—— 一封信》，11日的《相得益彰的舞台装置—— 一封信》，14日的《一新耳目的行当—— 一封信》，18日的《群众和龙套不是一码事》。

9月

本月，李健吾主动参加外文所组织的到安徽寿县农村参加“四清”。

本月，李维明入读北京农业劳动大学。

本年

中国科学院内成立了外国文学研究所，李健吾随原文学研究所西方组转任该所研究员。李健吾的任务仍然是主编《古典文艺理论译丛》，但是该丛书就在次年终止。

1965年　59岁

5月

17日，“四清”活动结束，李健吾回来写了一份《自我检查》。检查中说：“毫无疑问，我的阶级觉悟还是有生以来第一次这样高。我发现自己开始有了贫下中农感情，愿意为他们做一些事。”“这回下来，一方面读毛主席著作，一方面思索怎样才能把工作搞好，才能立场坚定，态度鲜明。”

6月

2日，《光明日报》发表他的《归根结底是立场问题》一文，立论勉强，内容主要是参与《不夜城》影片演出后在各大报刊上对该影片的批判，认为它美化资产阶级，丑化工人阶级，宣扬投降主义的错误倾向。

9月

18日，《光明日报》发表李健吾的《戈壁上的红花》。

本月，《文学评论》第5期发表李健吾的《一出精彩的小喜剧——〈打铜锣〉》。

10月

本月，李健吾写成学习札记《社会主义的喜剧》，无处发表，直到1980年出版《戏剧新天》才被收录。

12月

1日，《光明日报》发表李健吾的《朝阳使我年轻——看广西壮族自治区话剧团的演出》，非常简短。

8日，《北京日报》发表了李健吾的《我回到了沂河两岸》。

1966年　60岁

3月

13日，观看了中国人民解放军总政治部文工团话剧团演出的八场话剧《安第斯山风暴》。

14日，参加了《安第斯山风暴》座谈会，李健吾发言中热烈称赞话剧主题深刻，具有很高的思想性和战斗性。

5月

本月，他到江西省丰城寿县参加农村社会主义教育运动一个月。从寿县回来，又一个人去了一趟江西，回来绕道韶山，拜谒了毛主席故居，6月底回到北京。

6月

月底，李维永高中毕业。因“文化大革命”开始，没有学上也没有工作。毕业后，她要求随同学去哈尔滨农垦场劳动，因突然发烧，住进了医院，未能去成。

8月

本月，大概在自己60岁生日左右，李健吾写了一首诗《一个人的一生》（未发表），感叹六十年“可是我懊悔，我浪费了六十年”，他又不甘心，“我依然健在，已经花甲老翁，我这回可着了急，居然有人对我说，还可以再活三年。我不贪生，我重视我这最后三年”。

5日，拜访汝龙。汝龙回忆说：“稿费没有了，一家人挤在两间小屋里，很狼狈。不知他（李健吾）是怎么知道的，他从提包里拿出一个小包，说这是二百元，你留着过日子吧。因为那时人文（人民文学出版社）正考虑给我们每人每月20元生活费，我也自以为有罪，该吃苦，就没要。他默默地走了。那时候我的亲友都断了来往，他的处境也危在旦夕，他竟不怕风险，特意来拉我一把。黄金般的心啊！”（1983年1月24日，汝龙给巴金的信，见周立民的《不散场的戏》）

9日，在批斗外国文学所所长何其芳的大会上，人们把一些被认为受何其芳重用的学者，其中有李健吾、杨绛等，定性为反动学术权威也揪上台，接受群众批斗。之后某日，他们被召去开会，发通知三点：一、不发工资，每月仅给生活费20元；二、每天上班后挂牌劳动；三、组成劳动队，行动由“监管小组”监管。

11月

某日，小女儿李维永在读的101中学的一批学生到家抄家，说是没有看到钱，都是看不懂的洋书。可是却发现了李健吾保留下来的唯一张母亲的相片，因为穿着一件老辈山西农村妇女冬天穿的高领棉袄，而被认定是地主婆，于是嚷嚷着把相片撕毁。这让李健吾特别特别痛心，这是他的寡母留给他的唯一一件纪念品。

某日中午，维永提着她学校里的一个衣箱到大姐维音家寄存，说起了抄家的事，说拿回家不方便。第二天中午，李健吾出现在大女儿维音工作的单位大食堂（海淀区马神庙的北京核工业二院）的侧墙角落，手里提着一个装稿纸的布兜，神情极为落寞，说是吃过饭了，顺路到这里歇歇。往家走的一路上，他没有说话，进家门后放下布兜，就默默地在维音家的小床上躺了一中午，非常反常，明显的，是为了母亲的遗照被撕心痛之极，却无处诉说。该周末，维音带着孩子回家，却见到他不是满脸愁苦，而是神态自若，依着家里大屋中的炉子，高兴地夸口：他比年轻人会生炉子（每天早上，都早早地赶到办公室生炉子）。其实，他在家就天天干，本就是个没有架子的学者，儿女们从来没有听见过他发牢骚。

为了谨慎，他已经把李维音从苏联带回的唱片统统交给了外文所。“文革”结束后取回时，多张都已破碎。

1967年　61岁

10月

本月，李维楠从北大毕业（包括一年的社教工作），被分配在二机部九院九所工作。

秋季

某日，同所一位印尼华侨出身的莫泽香（李健吾在文章中称她为阿香）和她的丈夫黄碧琦得到“革命”总部的支持，强行搬进了李健吾的住房，占了一间半屋，“莫泽香有一次还指着我老婆骂：‘你这个叛徒、特务的老婆。’我老婆相信我不是什么‘叛徒、特务’，也就置之不理。可是‘阿香’呢，却宣传个没完没了”（《“文革”中一段遭遇和阿香其人》，未发表）。

12月

本月，李维楠到长春与当时在长春电影制片厂担任配音工作的张慧君（1940年出生）结婚。

本年

外文所所有的“牛鬼蛇神”被集中在一间屋子里，或写检查，或接受外调。与他同屋的有“党内反动学术权威”冯志、叶水夫和戈宝权。日子过得极为无聊。妻子尤淑芬被迫在街道参加劳动，挖地沟。小女儿在家养病。

1968年　62岁

5月

本月，军宣队入驻中国科学院外文所，对知识分子进行“再教育”，编组练操、分班学习。过了些时候，对年老体弱者给予适当照顾，李健吾在此列，上午可以在家。

9月

本月，维明到北京军区69军锻炼一年。

本月，维永病愈后再次报名，与同学乘火车前往内蒙古自治区突泉县学田公社大保大队插队。临行前，李健吾夫妇和李维音到车站送行，因担心病弱的小女儿的身体，尤淑芬痛哭失声，李健吾拄着拐，直至火车开动，仍高举拐杖摇摆，久久未离去。

秋季

某日，尤淑芬在地道前劳动时失足跌入地坑，造成右大腿中部骨折，大腿整个肿胀，疼痛异常，只能把腿平放在茶几上。李健吾手足无措，却又不敢叫街道办事处，在屋里来回走动。当晚，三女婿正好回家探望，立即用平板车把岳母送往中医医院，包扎后又送回了家。

11月

当年，创办上海市立实验戏剧学校需要和上海市教育局联系协调。在“文革”期间，这成了必须交代的问题。27日，他写了《关于上海实验剧校》的交代说明，并在最后附上了在实验剧校创办初期共同工作的一些人的情况，其中有于伶、黄佐临、熊佛西、朱君惕、顾仲彝、陈西禾等，但也只说了他们的去向和现在所属单位，没做任何“揭发”或“检举”，没有用任何不实之词。

1969年　63岁

4月

本月，他完成了《在伪宣传处》和《伪教育局》的交代说明，同时完成了《关于〈漫谈编剧的一些技巧问题〉的初步检查》。

在《漫谈》一文的检查中，他首先说明，当时认为自己已经采取了不触及政治的办法，只谈一些技巧，不会出任何问题，万万没有想到，谈技巧也会引发批评。于是他在检查中表态，技巧也有阶级性，他给出的编剧例子有希腊古剧，希腊古剧不是为无产阶级服务的，说明自己对毛泽东思想学习得不够、不深等等。作为一个戏剧家、文学家，做出这样的检查，可笑又可悲，实属无奈之举。“文革”结束后，该文被收入《戏剧新天》，正式发表。

5月

本月，维音到甘肃404厂做实验。3天后，丈夫刘启陆到四川参加三线工程选址，因为考虑到父亲的境况，没有将孩子托付给父母（李健吾父妇）。

6月

18日，他写完交代文章《关于〈上海实验剧校〉》。

某日，上海外调人员到北京，找李健吾了解柯灵的有关问题。柯灵曾两次被日本宪兵逮捕，腿被打断，外调人来了解柯灵是否是叛徒。可是还没开口，李健吾就先挨了两记耳光，气得他直哆嗦。当时，为了说明自己在上海时的情况，李健吾请外调人员看自己写的《切梦刀》（1948年初版），没有多言多语。那次被打后，李健吾是在妻子尤淑芬的苦苦规劝下，才没有走老舍的路。外调人员一个月后第二次来京，态度变得温和了，说《切梦刀》是李健吾在新中国成立前写的，所述之事可以相信，可以确认他们都不是汉奸。汉奸帽子总算摘除。（依据《摘帽子纪实》）

10月

本月，在长春工作的二女婿因结核病被隔离在传染病院，二女儿维惠又被诊断患乳腺癌，住院手术。尤淑芬赶到长春，照顾女儿，回北京时，将外孙任晓宁一并带回。

11月

月初，中国科学院内部流传去干校劳动的消息。军宣队到家了解李健吾的态度，看他没有任何拒绝去干校劳动的想法，还在积极准备行李，相当满意。

11日，中国科学院去干校的先遣队先行去了河南罗山，之后定点在息县。

1970年　64岁

3月

21日，孙子李昉出生。

7月

12日，中国科学院外文所全体干部下放，赴河南信阳息县东岳公社参加学部设在那里的“五七干校”。李健吾每月带走5元的生活费，每月留下15元给妻子，妻子身边还有孙辈。开始分在种菜组，组长是苏联组的高莽。阿香和杨绛在一起，李健吾和阿香没有来往。

开始，李健吾的任务是看场。起初他还认真，可以从他留在笔记本中的一首小诗《咱们》看出：“咱们，执枪守卫，冰霜凛冽，机警严肃，如林鹰山鸠。月色是咱们的，不懂得所谓风清月色。”但是，不久他就患上了疟疾，发高烧，吃不下饭，好了以后走路人也打晃。在养病期间，又写了一首诗《送饭的也走了》，深深地反映了他的寂寞。病好之后，军管会认为他没有什么问题，同事们照顾他，让他养猪，名义上是打猪草，实际上很清闲。

9月

本月，李维明在北京朝阳区将台公社开始劳动，自此劳动了3年。

10月

本月，李维音带着无人可以照顾的两个女儿去与丈夫团聚，孩子给了她的丈夫。李维音则必须在山里工地上工作和生活，真正的团聚只能在周末。

1971年　65岁

3月

本月，李健吾从干校回京探亲，不久返回。

4月

15日，大女婿在晚7点带着孩子回三堆镇时因渡船事故，落入滔滔的白龙江，随着被江水卷走的还有10岁的大外孙女儿刘瑛，7岁的小女儿刘珂自己在混乱中爬上运货的大平板船。李健吾从妻子那里得此噩耗后，血压一下子升高，晕倒在床上。这个事故对他有病的心血管系统是很大的刺激，从此身体更加衰弱。

5月

本月，李维音从四川回京，带小女儿住在家里，家里还有维惠的儿子晓宁。家里生活非常困难，每天一小碟芹菜，从树上摘下槐花和着棒子面蒸着吃。不论夏季多热，每个孩子每次也就吃到一小牙西瓜。生活的艰难，使得从不接受儿女钱财的尤淑芬接受了大女儿从当月工资（62元）里分出的30元钱。

6月

本月，李健吾的岳母王蕴玉因大便不通，全身无力，自己无法生活，来干面胡同居住，经首都医院确诊，为直肠癌晚期。

夏季

李维明结婚，丈夫王佩，1944年12月生，当时在北京市长安文化娱乐中心工作。

秋末

李维永因病被遣返北京，当时在首都医院确诊为急性肝炎，住进协和医院。治愈后出院，但肝脏始终不很健康。出院后曾在街道工厂劳动一段时间。

1972年　66岁

2月

5日，维明的大女儿笑春出生，尤淑芬帮助带孩子，笑春基本上在姥姥身边长大。

4月

中旬，工宣队担心李健吾的身体状况，决定让李健吾和回家探亲的俄罗斯组的张羽同行回京，也算是个照应。他一个人回到家，按响门铃，女儿维音开门都不敢认他，弯腰驼背，骨瘦如柴，完全脱相，静静地立在门前，但是脸上还是带着他特有的笑容。维音的叫喊声惊动了全家，都拥到了门口。他慢慢地跨进了家门。

夏末

息县干校完全撤除，阿香夫妻先后离开中国，领到“探亲”证明，返回侨居地（后来实际是在香港），李健吾将他们留下的物品，卖给了收旧货的，所得三角八分钱交给了所里阿香的朋友。

10月

13日，李健吾的岳母病情一日重过一日，经医院同意，给她做了手术，在腹部装了假肛。

23日，孙女儿李昡在长春出生。

秋季

李维永被安排在石景山永乐中学教英语。

孙子李昉（小名都都）被放到了家里。

家里是最困难的时期，尤淑芬在极困难的条件下，身边带着外孙小宁、外孙女小珂、笑春和孙子都都，又要全力以赴地照顾自己病危的母亲，还要参加街道的活动和会议。

但是，孩子们聚在身边，对于李健吾却是个快乐。回来后，因为外孙子女都围在身边，他就成天和他们玩儿，不用去上班，白天没事就和小宁、小珂一起打扑克，“1、2、3、8、J、王”，这是他唯一会玩的项目。晚上，李健吾有时还会倚着小屋的房门，满脸孩子般的笑容，默默地望着孩子们围成一圈，玩着丢手绢的游戏。他的身体慢慢恢复，但是高血压和冠心病的隐患始终存在。

1973年　67岁

1月

本月开始，李健吾的工资开始照原数发放。家里经济条件从此开始改善。

春季

某日，任晓宁被父母接回长春。

5月左右

中国科学院哲学社会科学学部将几年来扣发的工资发还本人。李健吾在得到了这笔钱之后，曾想把钱分给孩子。但事后，他没有这样做，因为当时老岳母病重和后来的后事处理，妻子的肠癌手术，都需要大笔费用。

7月

本月，李健吾独自去长春一周，住二女儿维惠家，一为散心，二看望他十分想念的外孙子任晓宁。

9月

本月，维明到北京朝阳区中学教语文，直到1999年退休。

10月

10日，李健吾的岳母王蕴玉去世，终年84岁，在八宝山与丈夫合葬，一切后事都是李健吾和夫人一起操办的。借此机会，维音将没处安放的丈夫及大女儿的骨灰盒一并埋入墓穴中。

11月

6日，李健吾去信巴金，这是他们“文革”开始后的第一次通信。信中，他对巴金翻译的赫尔岑的回忆录文字数量之多感到惊讶。巴金那时尚未完全解放。他还提到，出于对别林斯基对法国文学不满的反感，他于头晚刚刚写完《别林斯基对巴尔扎克的评价改变问题》。这篇文章长达2万多字，但未发表。

1974年　68岁

5月

本月，维音准备出差上海，提前把这个信息告诉了父亲。李健吾惦记着还没有被解放的巴金，开始联系北京的朋友，临行前交给她一个信封，特别关照："自个儿找，不要打听。不要用巴金这个名字。见了李伯伯，说朋友们很想念他。"信里装的是汝龙刚刚拿到的发还的稿费中的500元。当时，巴金的爱人萧珊已经去世，周围没有人敢和他说话，寂寞的巴金中午听广播，跟着练习法语，平时翻译赫尔岑的作品。李健吾的信使他非常激动。

7月

本月，维惠出差到上海，遵父嘱也去看望了巴金等老朋友。这次给巴金的300元钱是李健吾本人的。

8月

13日，李健吾写信给巴金，告诉他曹禺的爱人因误服过量安眠药而亡故的噩讯，并说自己在全休四个月后血压已经下降，但是失眠严重，而夫人尤淑芬却是低血压，并且感谢老朋友招待了维惠：“二女儿到上海，你那样热情，回来讲给我们听，我们都说她去看老朋友，反而受招待去了。她已回长春。”

1975年 69岁

8月

25日，李健吾到中国科学院哲学社会科学学部参加学习，听取胡绳的讲话，做了笔记。

9月

14日，去信巴金，对巴金说："带去300元，你如若不留下，我就生气了。这先能帮你买买药，操操外孙女的心。"这钱指的是二女儿带去的钱。

在信中，还说学部的运动已经结束，外文所一直在讨论工作计划，已呈报中央批准。自己名下是"法国批判现实主义问题的研究"。一年写两三篇论文。中央派来三位新领导很关心老人，让他们在家里工作，只去两个下午学习。还说他现在正在写《〈红与黑〉的关键问题》，可能在年前写好。以后写些有关巴尔扎克的论文，每年写个两三篇，将来出一本论文集。

1976年　70岁

7月

28日，发生强烈的唐山大地震，波及整个京津地区。

8月

10日，李健吾去信巴金，告诉北京地震的情况，在信中述说自己路走多了胸口不舒服，血压最高到了120—220mmHg，冠心病已经越来越严重。以后给朋友的信中，每每谈及这个问题，胸部疼痛就服用二硝或三硝。可是他从来没有在儿女面前诉说，而这已经是典型的心绞痛和心肌梗死的征兆。

9月

8日，给王辛笛去信，感谢他托人带来的复方罗布麻叶片，诉说严重的动脉硬化使他走路不便，然后向王辛笛说了去看望钱锺书夫妇的情况和自己儿女的近况。

本月，李维楠调入长春吉林物理所，在长春安家，儿女全去了长春。

10月

本月，重启法国文学研究论文的写作，并在《人民戏剧》杂志编辑王育生的鼓励下，开始写作戏剧论文。特别是，李健吾在激动之余，开始创作话剧《1976年》（又名《这一年》)。

12月

15日，又去信巴金，说：

> 北京这一阵在防震。其实防震等于猜谜。有人搬出大楼，有人去了外地，有人住了平房还搭帐篷。我没有理这一套。所里接我去避避，我谢绝了，一直住在楼里。现在，有些人开始回来了。我实在怕折腾，对我来说，折腾比怕震还让我受罪。万一需要出去避两天，也还有近处可去。例如，让淑芬带两个孙辈去西郊大女儿那里的干大（打垒）处住，屋里还铺着砖，还生着炉子。我呢，一个人，哪里都可以待一两夜。我们的大楼，一般认为质量高，是整体结构，还是可以放心的。……最近半个月，左眼的视神经出了毛病，使后脑的血管抽搐，原因是看“四人帮”的罪行材料看到深夜，眼睛受了伤，但是这不过是外因，内因是血压高上去。

信中还提到，准备出一本关于法国现实主义小说的论文，到时还需要巴金的弟弟李济生（在上海译文出版社工作）的帮助。

1977年 71岁

1月

3日，给巴金回信，说明迟回信的原因："血压高，头疼，左眼神经疼，不得不休息一阵子。上班已经成了古话。前天去量血压，已经退到106—180mmHg，而不是120—220mmHg，胆固醇已从370降到330。我由于动脉硬化，胸前的大动脉可能有硬化，上楼喘，走路喘，不能急。"

信中，一方面提到袁水拍"落水"，另一方面为曹禺、杨绛等开始发表文章而高兴。

7月

27日，惊闻何其芳去世，李健吾悲痛难忍，给巴金写信，告知噩耗。

28日，接到巴金来信。

31日，给巴金回信，细述何其芳去世的病因和何其芳的功绩，并说，何其芳的妻子牟决鸣准备请茅盾主持追悼会。信中提到女儿维音将再去上海，要她再去看望巴金。至于《莫里哀喜剧六种》，他告诉巴金，“序”已修改完，其他不再整理，上海译文出版社即将再版。

8月

1日，去信王辛笛，告诉他王辛笛儿子家访的情况，说，第二天大女儿将去上海，并会去看望他和巴金。

随后，李维音在上海拜访了巴金和王辛笛。巴金已经彻底恢复自由，住家大门也被修整，还要参加许多会议。两位伯父专门请李维音在外滩吃了顿晚饭，朋友们的热情就仿佛真的见到了李健吾本人。

15日，收到巴金近照，给巴金回信：

> 照片看到，兄精神依旧，而人老矣。我则更不如兄。附上今年春夏之交，孩子给我们夫妻照的一帧小像，便可知矣。我迟了许久才复信，就是因为身体抵抗不住潮热。左耳前后与左颈，各出了一片脓疱疹，把我弄得非常狼狈。现在已经十多天了，稍见好转。在这期间，每天上、下午各注射青霉素60万单位一针，还吃药、涂药，然而好得很慢。医生说，主要是你每年夏天要感染，而又年老体衰无抵抗力。别人轻些，到你身上就要重些。我因此不能戴眼镜，只好不写，不看，忍住痒，忍住疼，闭目坐着或者干脆躺下，也只能右侧靠枕。今天下午药针注射完，明早再去医院复诊取药。

信中，介绍了何其芳追悼会的情况，还表达了对维音在上海被老友热情接待的感慨。

22日，再给巴金写信，诉说自己患眼疾之苦，但是“……我有一阵稍好，就提笔又写巴尔扎克的论文，中间右眼出血，就停止了一星期，现在续写，完成了三分之二，但是觉得眼睛很不得力”。

15日，给在辽宁省丹东市鸭绿江造纸厂工作，想做他的研究生的宋维州回信，婉言拒绝了宋维州的请求。

本月，李健吾参加何其芳的追悼会，因为天热，头晕，站不住，很快退了出来，意外地看到了一瘸一拐的夏衍。其时，夏衍的“结论”尚未出，这是“文革”以来，第一次露面。大家都以惊奇的目光注视着他，李健吾“却从人群中挤出来，紧紧地握住我的手，说：‘见到你，太高兴了。’他依然是那样豪放、爽朗，丝毫不把我当作不可接触的人”。（见夏衍《忆健吾》）

9月

27日，给巴金写信，提到自己的小戏《这一年》，希望巴金将复制稿转给佐临，同时说，他还邮寄给了上海剧院佐临的爱人丹尼。此外，他还将此剧给过《人民戏剧》，但是在信中抱怨《人民戏剧》反应迟缓。

本月，《人民戏剧》上连载了他写的《戏剧漫谈》的第一篇《合理性》。

10月

9日，因为巴金的女儿到京访问，李健吾又给了巴金一封信，说，又写了一个四幕剧《为了毛泽东》，这是个政治戏。表示此剧如能在上海演出，希望佐临出任导演。

18日，再给巴金去信，告诉早逝老友马宗融的女儿（后由巴金带大）来访，同时感到《这一年》和《为了毛泽东》已经失败，因为没有任何消息。但是他已经开始在写另一出戏《吕雉》。

11月

22日—12月1日，李健吾参加政协北京市第五届委员会第一次会议共九天，会上听了别人介绍北大教授在“文革”期间惨死的情况，深感痛心。

本月，李健吾对《1976年》即《这一年》，反复修改，总计有四遍，下了很大功夫。

12月

1日，给巴金写信，说，十分赞赏他在《上海文艺》上发表的《杨林同志》，并告诉巴金自己在政协北京市第五届委员会第一次会议上的听闻。

1日，《写剧漫谈》第三篇《第一幕》在《人民戏剧》上正式发表。

1978年　72岁

1月

本月，《戏剧漫谈》第四篇《高潮》正式发表。前面几篇多少还带有“文革”中的一些套话，但是这篇恢复了他的语言特色。

本月，在听了儿女讲述的一件新闻后，写成了一个独幕喜剧《大妈不姓江》。

本月，《关于“三一律”问题》载《外国文学研究》第1期。

2月

9日，李维明的二女儿笑佳出生。

3月

12日，复信宋维州，告诉宋维州法国皮埃尔·加马拉的相关情况。

4月

21日，给巴金写信，说：“‘空想社会对巴尔扎克的影响’一文，还没有动笔。前一个月，完全埋在译圣·西门的两篇关于欧洲联邦的论文里，这是苏联和中国的译本都未收的。因为，恩格斯说起的那位共和主义者，其实是欧洲联邦的理论的信徒。所以不得不找他的祖师爷，将来作为附录。”实际上，他完成了四篇，总字数达4万，遗憾的是未见发表。

本月，《文史哲》第2期发表了他的论文《〈人间喜剧〉的远景》。

本月，《文艺报》第4期发表了他的长篇《巴尔扎克的世界观问题》。

5月

28日，《山西日报》上刊载了他的《纪念蒲剧老人闫逢春》一文。

6月

8日，给在干校一起劳动，担任他所在的种菜班的班长高莽写信：

> 你的关于马克思的战斗的一生的油画终于在电视中出现了。我一看到，就高喊家人来看。我说，这就是高莽画的，今天终于和大家见面了。“四人帮”骂我们崇洋媚外，然而对我们自己中国人的作品却淡焉置之，幸而赶上了马克思诞辰160周

年，幸而是在粉碎“四人帮”之后，马克思和华主席让你的油画有了它们应有的位置。我第二次也看了。《人民文学》后页两幅，我又看了一遍。我为你喜悦，也为中国的油画更喜悦。

7月

6日，给巴金写信谈到自己的工作：

我在昨天上午，用两天时间，写完一出小闹剧《喜煞田大娘》，不到一万字。中国人没有写过这样的怪东西，外国人也不见得有。大概许多人看了会不舒服：我利用一个人物，点了一句“定期存单没有发还，为了限制资产阶级法权”。能发表？我有些怀疑。我写的是“四人帮”的流毒，像流感一样，“小李”有，我“老李”也有，这是一个意外的收获。《吕雉》为此又搁了两天，今天《人民日报》转载《解放军报》的论“风……”正好和我这个小闹剧的两个人物相同，我让一个挨耳光，一个跪到幕闭。让我幻想吧！社会主义建设需要大胆的活泼的幻想。淑芬担心我临死之前成“右派”！

27日，得知在上海沦陷时期一起从事戏剧活动的老朋友陈西禾患上尿毒症后，给他写信，既关心他的病情，又叙述自己的情况：

你、我都到了老、病的地步。你的肾动脉硬化，还是要注意，看中药有什么好办法。我由于动脉硬化，脖子转动不了，太用功，有时就头一侧疼。照了相，不是颈骨增生。过去总认为是颈骨增生，花了许多冤枉时间。现在由于血的供应不足，心脏坏了。前些日子，口试法语研究生，所里派车接我去，结果车子一颠，害得我上不了楼，赶紧吃硝酸甘油，在椅子上坐了好半天，赶着同志上班，这个问，那个问。现在所里什么也不敢找我了。医生也坚持让我休息，所以两个月来，很少提笔了。

……

我以后就在休养中专心写论文了，戏完全扔了。会也不去开，因为走路实在困难，只能像你说的，在附近慢步走走。也怕去开会，去看远处的朋友，因为我容易激动，对我很不利。

……

我对死不害怕，已遗嘱家人，一、不开追悼会，二、不留骨灰，三、不上报。若无此人，此自然规律也。

28日，又给陈西禾写信，告之："今天晚上已经完成了一部书：《法兰西十七世纪古典主义文艺理论》。'前言'和各家小传先在所里的《集刊》发表，征求各方面的意见，因为我有些标新立异，怕出毛病。"

8月

本月，按照二女儿维惠讲述的一件事，写成另一出小喜剧《一棍子打出个媳妇来》。

9月

本月，接受最后一批中国社会科学院研究生院外文系的研究生三名，其中一名是郭宏安，但是他已经没有力量给他们多少指导了。

本月，恢复高考后，李维永到大学学习古汉语和其他课程。

本月，《在新长征路上更要抓紧改造》一文发表在《文汇报·创刊三十周年纪念册》（香港）上。在文末，李健吾写道："十年动乱的教训是极其深刻的，人人学到了认识假左真右的统一性和欺骗性。"接着说："一晃十年，我不大能走路了。西南之行成了遗憾。人活着总是难免有点儿什么遗憾的。我虽然老了，可是活到老，学到老，改造到老，却是一个字不可改移的。"

10月

10日，给巴金写信，说到即将出版的《戏剧新天》："九月中，我最后寄出解放以来写的《戏剧新天》给上海，上海来信说预备十月内付印，可能《戏剧新天》就结束了我卅年的活动。未了一篇'戏剧论'是新写的。"这一篇实际就是《近代欧洲关于戏剧定义的一场论战》，其中驳斥了法国布伦退尔等人的意志冲突论。

11月

16日，《人民日报》发表了署名"特约评论员"的长篇评论《人民的愿望，人民的力量——评话剧〈于无声处〉》。

之后，《于无声处》被安排公演，演出轰动全国。在这样的情况下，他的《1976年》也就不会再有人过问了。

12月

本月起，尤淑芬一直在犯病，下腹部疼痛难忍，大便里有血。

1979年　73岁

2月

1日，完成论文《巴尔扎克的世界观问题》。

3月

9日，给宋维州复信，说送的两篇译稿看过，译得不错，让他送《世界文学》。

23日，给李济生的信中诉说老妻的病：“我爱人尤淑芬却病得厉害，病在肠中，四个月来，首都医院透视了四次，尚无结果。急诊了几次，都是疼痛不堪去的。现在回家，在候住院部音讯。现已托人，可能日内即有住院动手术的音讯。”他抱怨：“没有关系，十分困难。”

29日，给宋维州写信，说，我要的梅里美的书，以后可以给我。再三说自己身体不好，特别是爱人病重，不再校对他寄来的文稿了。

4月

2日，给巴金写信，一面表达自己读了《忆肖珊》后的激动心情，一面又告知巴金《文艺报》要采访自己了解的关于巴金的情况，附带告之小女儿维永已从中学教书转到《文艺报》工作，所以消息还灵通些。

本月，李健吾写成《“五四”时期北京学生话剧运动一斑》一文。

月底，尤淑芬住院，被确诊为结肠癌。当时李健吾身体虚弱已极，行走困难，不能去医院探望，急得在家直转悠。但是在手术之前，还是去了一趟医院，归家路上，进了和平饭店，看望了来京的巴金。

5月

本月，尤淑芬接受手术后，伤口愈合良好。术后接受三个疗程的化疗，因反应太大，中断回家。以后居然全面恢复，得以照顾李健吾，包括洗脚、洗澡，而李健吾的冠心病却逐日加重。

本月，《剧本》发表了他的《“五四”时期北京学生话剧运动一斑》。

6月

本月，完成《欧也妮·葛朗台/高老头》译本序。

7月

25日，《人民日报》刊发《师陀同志的〈伐竹记〉》（署名西渭）。

8月

本月，《文艺论丛》第4辑（上海文艺出版社）出版，其中收录了《〈人间喜剧〉的革命辩证法》。

本月，《文学评论》第3期发表了他的《巴尔扎克与空想社会主义者》，但未见其翻译的圣·西门的论文作为附录。

9月

2日，《外国文学研究》刊发《近代欧洲关于戏剧定义的一场论战》，此文于1980年被收入《戏剧新天》时，又名《戏剧性》。

本月，《人民戏剧》刊发《希腊喜剧一瞥》一文。

本月，将新写成的小戏《大妈不姓江》寄给蹇先艾，请他看可否在《山花》发表，后发表在《山花》1997年第7期。

本月，《外国文学研究集刊》（第一辑）出版，收入了他的评论文《〈红与黑〉与法国复辟时期的修道会》。

10月

10日，又给华铃写信，是华铃的弟弟从上海来信才联系上的，知道华铃还在澳门，就跟他要书，因为文学所的外文书很缺。

本月，李健吾出席中国文联第四次全国代表大会。

11月

6日，《光明日报》刊发李健吾的《青春常在的希腊悲剧》。

16日，中国文学艺术工作者第四次代表大会选出了中国文学艺术界联合会第四届全国委员会委员。其中包括巴金、柯灵、于伶、臧克家、李健吾等。

本月，出席全国戏剧家协会第三次全国代表大会，当选为剧协理事。

本月，维楠调回北京，在北大分校物理系任教。

12月

11日，给华铃回信，说了家人的情况和“文化大革命”对知识分子的摧残，并感谢华铃给他寄来的药。

本月，《人民戏剧》第12期刊出《读〈闯江湖〉偶感》。

月底前，写成历史悲剧《吕雉》。

1980年　74岁

1月

22日，给华铃写信，说在修改自己过去的学生林柷敔（华铃的同学）翻译的波德莱尔的作品，错误百出，因林已故去，家里困难，想办法为他作品谋出版；同时提到了《辞海》对波德莱尔评价的不公平。信中还说了外文所缺外汇购书的问题。

本月，《戏剧艺术》上刊登《看〈包公赔情〉》一文。

本月，《黑龙江戏剧》上刊登《说自己的话》一文。

2月

4日，李健吾参加了中国社会科学院召开的迎春茶话会，与会者七百余人。

3月

1日，当天他收到了巴金的《随想录》，给巴金写信，说，一天都在看这本书，“你在替自己说话，也在为我们说话。文笔还是那样朴实无华，而自然妩媚。这种功力只能从你这里读到”。同时，无奈地诉苦：“我这一冬过得很不好。先害肺炎，后害咽炎，后变成气管炎，打了庆大霉素，每天吃许多种药。夜晚起床好几次，因为胸闷臂痛必须吃‘三硝’才能解除。现在已到尾声，希望春天能过个好春天。欢庆会多种，一种也不去，报上还登了我的名字，实际在家里生病！”

3日，给上海致远中学前校长高宗靖写信：“从56年以来，政治就偏‘左’，越来越‘左’，‘左’到‘文化大革命’，连老干部也不要了。所以过去受害的，真不知有多少人，一边鼓励人提意见，一边凡提意见的，都是右派！”这时他明确地提到了“左”的问题。

本月，人民文学出版社出版了他的翻译作品《欧也妮·葛朗台/高老头》（《外国文学丛书》的一种），他写了“序”。

本月，《山西师院学报》第3期刊登《〈辞海〉中有关波德莱尔等人的评价问题——与〈辞海〉编委会商榷》一文，对《辞海》至今对波德莱尔的评价没有改变，他觉得很不公平。他收到《山西师院学报》后，又在该文上将“等人”圈掉，把前面与波德莱尔无关的一段大笔删除。

4月

3日，给华铃写信说，收到了寄来的第一本书，还诉说了整个冬天在害病：肺炎、喉炎。

8日，又给华铃写信，告之，收到他寄来的第二本书，同时诉说自己感冒好了，但是冠心病加重了。

本月，经他选定，近40篇在新中国建立后他写作的有关戏剧方面的文章结集为《戏剧新天》由上海文艺出版社出版，从他写的“后记”中，可以看出他释然的心情。

26日，给华铃写信，说三本书全收到了，但是自己的身体已到了强弩之末，天气转暖，开始做些户外活动。

5月

19日，给在宁夏人民出版社的李采臣写信，谈及《贩马记》："日前寄上《贩马记》，想已收到。此剧弟仅此一份，多年来，不愿拿出，本来是两部，以后没有时间，就只写了上部，但是也可以告一结束了，辛亥革命不成功，另找真理，也可以了。"其实此剧是于40年代初完成的《草莽》，一直没有完成，为了不和市面上已有的《草莽英雄》相撞，出版时改成《贩马记》，遗憾的是《贩马记》的书名更多，他已无奈。

本月，《常情常理》（署名刘西渭）刊发在《文艺报》第5期。

6月

24日，李健吾的兄长李卓吾以82岁高龄在西安富平县辞世，72岁时，从陕西桃园煤矿的会计工作岗位上退休。去世多年后，曾有人去他家了解周恩来在法国的情况，遗憾的是人已作古。

本月，在《春风译丛》第1期上，发表了评论文《司汤达对圣西门"实业主义的抨击与〈吕先·勒万〉"》，并附译文司汤达的《〈吕先·勒万〉第1卷27章——关于镇压工人运动》，另一篇译文《谈一个反对实业家的新阴谋》（司汤达著）只留下手稿，未见发表。

7月

1日，给李济生写信："拙作《戏剧新天》闻市面上早已销光，而我却望眼欲穿，不见书来。请兄代为催促一声，是所至感。”

2日，在《戏剧艺术论丛》上，发表了《“莎士比亚化”和“席勒式”》一文。

8月

本月，《扬州师院学报》第4期刊载他的《〈人间喜剧〉“提供了一部法国‘社会’特别是巴黎‘上流社会’的卓越的现实主义历史”》。

11月

本月，按大女儿李维音带回家的一则院内分宿舍的趣事，李健吾又写成了一个小戏《分房子》。

12月

本月，李健吾看完《新凤霞回忆录》，深受感动，写成《读〈新凤霞回忆录〉》。他写道：

> 我不回忆，生活实在平凡，不值得写。如今读了《新凤霞回忆录》，我觉得好处就在平凡。平凡在这里汹涌澎湃，不同于我的冰天雪地。
>
> 多激动人心的平凡！多开卷有益的平凡！从这些朴实无华的字句里，我体会出了作者有难得的才华。从这些无声的语言里，我听到作者高唱入云的歌喉。而从她的为人处事，我领会到她学戏的坚强的平凡的一生。

这不仅是一部个人奋斗的辛酸历史，也是一批艺人为评剧事业战斗的伤心历程。大白玉霜够惨的，三十一岁死掉。小白玉霜就更惨了，服毒自尽。有的“戏子”在苦难前头栽了跟头，有的栽了跟头还带了一股子不认输的骨气！

她说到别人的长处，正是她自己的长处。她说到自己和别人的短处，正是旧社会的罪过。

12月

本月，看过杨绛写的《干校六记》后，引发感想，在小女儿李维永的支持下，李健吾写成《摘帽子纪实》，叙述了自己在“文革”期间不断接受外调，被打耳光和叛徒汉奸等问题最后被澄清的历程。

1981年　75岁

1月

13日，《文艺报》社长吴泰昌到李健吾家拜访。李健吾顺手拿出新出版的有钱锺书签名的《围城》，谈起了1945年由郑振铎和他等人筹办，1946年1月创刊的《文艺复兴》杂志约钱锺书写小说的情况。他还向吴泰昌谈了他对《围城》的评价，并应约写了《重读〈围城〉》。（见吴泰昌《听李健吾谈〈围城〉》）

15日，维惠夫妇调入北京建筑研究院。至此，李健吾的孩子们都聚在了李健吾的身边。

20日，给宋维州发信，说宋的稿件经过他的再三催促，《世界文学》已决定在9月号刊登。

本月，在《剧本》上发表《为缪塞的戏剧"平反"》。文中，特别说明了缪塞不仅是一位大诗人，而且是19世纪法国的大戏剧家，可以和莎士比亚媲美。

2月

本月，《艺术世界》上刊登了他的《莫里哀的喜剧艺术》一文。

本月，完成对郭宏安翻译的《门不开着，就得开着》（戏剧，缪塞著）的评校后，又以《为缪塞的戏剧“平反”》一文为基础，改题名为《关于〈门不开着，就得开着〉的作者与其他》。两篇文章的不同只在最后一小段。郭宏安的翻译和对翻译的评介同时刊载在该月《剧本》第2期中。

3月

12日，告知巴金，中国戏剧出版社准备出他的《剧作选》，其中包括《1979年》和《吕雉》。

本月，新写的小戏《分房子》在《小剧本》二期登出。所有在“文革”结束以后他写的戏，不论大、小，对他来说，都是为大家出一口在“文革”中被压抑的闷气，“我写成小喜剧，逗大家笑笑，好让大家‘向过去告别’。他们只能是我走过的脚印。风过去了，脚印消失了。如此而已”。

本月，《文艺报》3月号刊发了李健吾的《重读〈围城〉》。吴组湘说，文章不长，但写得实在细腻。有的文章说《围城》写得好是因为钱锺书有知识、有学问。他说，有知识、有学问不一定能写好小说。《围城》写了众多人物，主角、配角大都写活了，小说只有写出了人物，才能吸引人爱读。健吾先生的这篇文章，有助读者确切了解作者到底在小说中想要说什么，表达什么。只有摸准了作者写小说的初衷，对小说定位评价才可能准确。朱光潜说，《围城》多年没有再版了，许多年轻的读者不熟悉，健吾先生的这篇文章，有助读者确切了解作者在小说中到底想要说什么，表达什么。只有摸准了作者写小说的初衷，对小说定位评价才可能准确。

4月

1日，给华铃写信，特别高兴华铃的诗集将作为孤岛时期的第一本书出版，并且告诉华铃他完成了《法兰西十七世纪古典文艺理论》的前言和各家小议。

6日，写信给老同学常风，告诉他自己最近的写作情况，其中提到《忆西谛》已经写完，并谈及还有一项任务是《法兰西十七世纪古典文艺理论》。这项工作由他担任主编，并承担了相当部分的翻译和其他人翻译的校对任务，文字浩繁，给常风写信说他结束了这项工作，只是还有待所里拿去抄写和誊清。

本月，郑振铎的儿子郑尔康来找他，请他为父亲写篇纪念文章，他慨然应允，带着真情完成了《忆西谛》。该文也抒发了他郁积在心中的郁闷，这篇文章的结尾写道："人事无常，是暗笑，是明嘲，多么难于捉摸！我只知道，我再也看不见你那高大的身材，再也听不见你那洪亮的声音，我再也见不到你了，你，西谛！"真是催人泪下。

本月，《文艺报》上刊出了他的《读本·琼森〈悼念我心爱的威廉·莎士比亚及其作品〉》。

本月，宁夏人民出版社开始装订《驯马记》。

5月

11日，复信宋维州，把宋维州要的书寄给他，并安排他翻译的前后顺序。书是从图书馆借来的，要求宋务必尽快用完寄回。

下旬，巴金出席作协主席团扩大会议，顺便到李健吾家拜访。此时，中国戏剧出版社正准备出版《李健吾戏剧评论选》和《李健吾剧作选》，李健吾央求巴金为书籍题名。从不为他人书籍题名的巴金不同意，两人几乎翻脸，最后巴金做了妥协，《李健吾剧作选》和《李健吾戏剧评论选》的书名都是巴金所题。

本月，宁夏人民出版社出版了《李健吾独幕剧集》。

6月

4日，写成《漫话卢那查尔斯基论〈爱与死的搏斗〉》一文。

13日，国务院学位委员会第二次会议通过了国务院学位委员会学科评议组成员名单。这个名单除参加学科评议组工作的学位委员29人外，十个学科评议组共407人，他的名字列在文学评论组中。7月，他正式收到聘书。

19日，参加中国文联四届二次会议。和陕西的代表一起在会下讨论如何进一步修改《关于文艺工作的若干意见》，如何贯彻文联全委会精神，繁荣文艺创作等问题。（见鱼讯《怀念李健吾同志》，《陕西戏剧》1983年03期）

本月，李健吾完成了《莫里哀喜剧全集》，交湖南文艺出版社出版。

7月

4日，给华铃寄去他的新书《戏剧新天》，同时感谢华铃寄来的药“救心丸”。

7日，写信告诉华铃，他要求上海文学所的负责人，《华铃诗集》的“序”还是用他当年写的“序”。

中旬，他完成《李健吾戏剧选·后记》，其中特别提到请巴金题字和请柯灵写“序”的事，真情地表述了巴金对他的友情，柯灵对他剧本后期出版付出的感谢。

本月，中国社会科学院他的最后一批研究生毕业。他因为身体不好，不再接受带研究生的工作，即使是这一批，他曾给朋友写信说，也只是学生有时到家后，和他们聊聊。

8月

1日，完成《梦里家乡》（散文）。

19日，给柯灵写信，同时把《摘帽子纪实》寄给了他，请他发表意见，再决定是否给《文学报》或《文学月刊》。

22日，再给柯灵写信，一是修改了柯灵给《李健吾戏剧集》写的“序”，同时反复申明《摘帽子纪实》不是毒草，说：

> 杨绛能在《读书》摘录，还要在三联出书（国内版），为什么我就不能和读者相见？你们未免太胆怯，比我还胆小。巴金写了那么多关于“四人帮”期间的事，怎么也胆小起来了？

本月，《山西师院学报》刊登《忆〈爱与死的搏斗〉在“孤岛”时期的演出》，并附《爱与死的搏斗》的本事与跋。

9月

21日，复信宋维州，将他所要的法国吉尔波·塞斯勃隆的法文资料亲手抄送给了宋维州。

23日，携妻乘火车赴上海寻访故友。他的学生唐湜要返回温州，就一起南下，先到上海，待了七天。

24日，在长江剧院看了《萨拉姆的女巫》。

25日，看望在上海的诸位老友。

26日，给柯灵写信，说自己只能应允《南洋商报》的请求，担任“金狮奖”评审委员。

本月，给柯灵的另一封信中说，想通了《摘帽子》不发表的事：“来看我的朱（自清）老师的儿子，为了写《李大钊传》，被打成‘反革命’！朱老师之妻也被清华工宣队赶进一间屋，现在才给两间！回想当年，真是不堪回首！而就为我《摘帽子》一文尚耿耿于怀，令我感激之余，不知多么恼人！朱老师还被说成历史不清楚，与蒋匪帮有勾结！毛主席称赞过的历史人物尚且如此！”

10月

1日晚，戏剧界朋友在沪光影院旁的回民饭馆用餐，热闹非凡。席间，乔奇、韩非、陈述等拿李健吾以前上课的情景说笑，引得服务员都挤在包厢门口观看。

3日，李健吾坚持要去看看以前住过的多福村和东宝兴路老房子，但又不认路，绕了好大一圈子。细雨蒙蒙中望着过去住过的房子的阳台，回想往事，感慨非凡。

4日，离开上海去杭州，以前的学生任明耀在车站接车。抵达杭州后即给王辛笛去信，告之平安到达，并感谢在上海时王辛笛一家对自己的招待。

6日，在杭州大学做学术报告《莫里哀其人其事》，消息传出，听众足有一千来人。

4—14日，在杭州期间参观游览了灵隐寺，到白沙参观了灵栖洞、清风洞和蔼云洞。而后游览了富春江，再转绍兴，再去兰亭，回到杭州，参观三潭印月。

14日晚8点，由任明耀送上火车，去往长沙。原来游兴深浓，还想顺江而下经重庆去贵阳，但是天气阴冷的南昌和长沙使他待不下去了，三天后，乘火车返回北京。

16日，到家后给常风写信，介绍了自己的南方之行。

25日，又给王辛笛写信，介绍了杭州之行，并再次感谢在上海期间他们一家人的热情招待。

12月

6日，《人民日报》发表了他的《给参观者以方便》一文，文中表示：

> 最近参观长沙市的博物馆，当我们一行几人来到马王堆汉墓出土文物陈列馆门口时，门口的同志要我们掏出证件登记。我们登记后，又要我们回到博物馆进口处买票。从进口处到陈列馆相距约半里，往返折腾，极为费时，参观者纷纷提出意见。登记处的女同志也说，我们提了多少次意见，上头不理，也只好如此。我们中间一位六十多岁的老人只好拔步跑到进口处买票。为什么不能在一个地方既登记又售票呢？我们百思而不得其解。希望长沙市博物馆能迅速改变这种方法，以方便参观者。

下旬，山西省文化局、中国戏剧家协会山西分会、临汾地区行署文化局等单位为蒲剧名演员举办从艺五十周年活动，文化局负责人专程到京邀请李健吾参加活动。他碍于情面并也想回老家看看，于是决定去山西。

24日晚11点，与夫人尤淑芬乘火车赴临汾。

25日凌晨1点，到达临汾。在临汾期间，他不断地观看各种演出，非常劳累。

31日午后，奔赴运城，当晚还看演出。

1982年　76岁

1月

1—7日，李健吾在运城的活动更加紧密，于7日病倒，因肺炎，住进了运城地区医院。七天后感觉好转，决定回京，但是，他仍然决定在火车停靠太原车站时见一下老友常风。在运城期间，家乡人以为这样一位名作家应该很有钱，在他到运城后，就以这事和他谈话，他最后只能应承为建立岐山学校捐款2000元。为这事儿，他后来不得不求助于出版社。

在运城期间，因祖父的墓地已破旧，为了避免他伤感，王学巧用各种理由搪塞，没有让他祭拜。

9日，完成《桃花源里出新境》一文。

14日，在运城登上火车，在太原停留的15分钟时间里（早晨6点许），和匆匆赶来的老友常风见了一面。

本月，《文汇报》刊登《撒得开，收得拢》。此文后被宁夏人民出版社出版的《李健吾散文选》选作“序”。

年初

给凤子写信，请她回忆当年在上海复旦剧社演出王文显的《委曲求全》的情况。信中附一演职员名单，这份名单是根据上海戏剧学院的藏书复印的。（见凤子《上海演出〈委曲求全〉的点滴回忆》，《新文学史料》1984年2期）

2月

5日，完成《李健吾创作评论选集·序》。

本月，《名作欣赏》上刊登了《一个有血有肉的包公——杂谈〈包待制陈州粜米〉杂剧》一文。

3月

8日，完成《李广田选集·序》，表达了他对李广田为人为文的赞赏，以及对死者在“文革”中的遭遇的激愤：

> 这样一位革命者，在十年浩劫中，竟惨遭毒手，于一九六八年十一月二日晚八时，在昆明市郊外莲花池内，直挺挺站立了好几个小时，脑后还让人捅了一个血流如注的大窟窿！原来他死了！死而能直挺挺站立，何等气概！能听了不流泪？……控诉？愤怒？还是蔑视？
>
> ……
>
> 广田离开了我们，可是他的作品如同长江大河，流向大海，流向人们的记忆深处，他和他的作品将永远活在后死者的心中。

20日—22日，出席北京市政协会议。

26日，在《人民日报》上发表了《提倡独幕剧》。

本月，《山花》月刊刊登《莫泊桑短篇小说选集·序》。

本月，李健吾的《漫谈我的翻译》刊登在《大学生》。

本月，《西北师范学报》刊登《〈人间喜剧〉作者的〈中国和中国人〉》一文。

4月

月中，应西北师范学院邀请去讲欧洲戏剧，和妻子一道，先到银川，见到了宁夏人民出版社的李采臣，立即谈出版文集的事，然后到兰州。除了在西北师范学院讲学外，去看望了内弟——尤炳圻——一位出色的日文专家，在“文革”中，被推下台，撞了脑袋，从此瘫痪。当时，他的妻子已去世，只得请了一位老汉照顾他。

22日，《人民日报》上发表了《致佐临——看上海人艺的〈萨拉姆的女巫〉》。

25日，回到北京。

26日，给常风写信，诉说自己内弟的可怜。信中说，常风给他的原来在清华大学的老师温源宁先生的关于王文显的一篇文章，自己觉得很好，准备用。他此时正在为出版《王文显戏剧选》工作。这本书在他逝世后出版，其中有他早年翻译的两出戏《委曲求全》和《梦里京华》，还有他在去世前完成的该书的“后记”和译自温源宁的《王文显先生》。后两篇文章曾在1983年的《新文学史料》上发表，同时发表的还有当年接替李健吾做王文贤先生助教的张骏祥写的“序”。

28日，给柯灵写信，抱怨新加坡送来参评“金狮奖”的小说水平太有限，勉强挑出三篇，并说如果把奖给了另外的作品，他不得不辞退这个评审工作。

本月，湖南人民出版社出版了《莫里哀喜剧》（第1集）。他见到的也就是这1册。

5月

27日，完成《关于〈文艺复兴〉》一文，详细回忆了《文艺复兴》办刊前后的人与事，还特别提到一位曾为杂志出版忙前忙后，而在1957年被打成“右派”，惨死在外地的年轻人——阿湛。

27日，在《人民日报》与妻子尤淑芬联名发表《看蒲剧》。

本月，受聘为《中国大百科全书·外国文学卷》编委，负责法国文学有关词条的审定，约定编写有关福楼拜、莫里哀、巴尔扎克的词条。后来，《中国大百科全书·外国文学卷》中收录了他写的莫里哀和福楼拜的两个词条。

约本月中旬，给上海译文出版社寄去了《法兰西十七世纪古典文艺理论》全套文稿。在该书序言中，表达了他如释重担的心情：“《法国十七世纪古典主义文艺理论》现在总算和读者见面了。”遗憾的是，书未出，人却突然逝去。可能因为他的笔迹凌乱难辨，此书最终未有机会出版。

6月

4日，给任明耀写信说，因为文联召集第四届二次全体文委会议，很可能不能参加在无锡召开的第一届全国法国文学讨论会。最后也没有去。

6日，给华铃复信说，得知他要来北京，非常激动，自己什么都不需要，就想看看他。

6日，《光明日报》上刊登他的《看〈沙恭达罗〉》一文。

23—28日，第一届全国法国文学讨论会在无锡召开。来自全国42个有关法国文学研究、出版的六十余位同志参加了讨论会，讨论会期间成立了中国法国文学研究会。闻家驷、李健吾被推举为名誉会长，罗大冈同志被推举为会长，柳鸣九、王道乾、冯汉津被推举为副会长。

月底，写信给任明耀，说，北京民族学院外国文学教师庹老师到家汇报了无锡会议的情况。会议很有趣，也很成功。

本月，北京出版社出版的《阅读和欣赏》上刊载了他写的评论文《一颗隐微的心——漫谈福楼拜的〈一颗简单的心〉》。

本月，中国社会科学院外国文学研究所在《外国文学研究集刊》第4辑上正式发表了他的《〈法兰西十七世纪古典文艺理论〉前言和各家小议》。

7月

9日，给任明耀写信说，前一阶段忙于参加各种会议不能去无锡很遗憾。

9日，于去年底回运城观看蒲剧演出，王秀兰的演出使他激动，回来后写就了《祝愿王秀兰的艺术永葆青春》，此文发表于该日出版的《戏剧艺术》第3、4期合刊上。

16日，为兑现年初在运城的承诺，此时他手中又没有钱，于是给湖南人民出版社马敬文写信云："奉上Moliere一册，留作纪念。如有稿费，老龚到时，请提出2000元，直接寄给'山西省运城县县委书记严谦同志'。指名为'岐山学校'用。并在附言中，请通知'北相公社相包大队李树唐'。款如不足，请就'二集'扣除，补足此数。”

17日，为宁夏人民出版社准备出版的《李健吾文学评论选》写了后记，很短，特别说明：

> 这是我读书笔记的果实，好也罢，轻也罢，当时都公开了，不足以言“评论”。有些很老的朋友，友谊应该发展，由于争论，反而得到了巩固。我从来不敢说自己唯一的、正确的，是所谓一家之言。那是欺世之谈。争论是走向真理的道路。读者从争论可以判断是非，而有所收益，有所认识。他们明白我不相信自己的看法正确，所以我才将朋友的辩驳附在自己的高谈阔论之后。
>
> 解放以后，我没有时间“高谈阔论”了，一则，我用它来长期改造自己，这是一种乐趣，尽管有人把改造看成苦趣；二则，时间大多被本职业务所拘束，一点不是对新中国的文学不感兴趣，实在是由于搞法国古典文学搞多了，没有空余另开一个是非之地。力不从心，只能有欠了。

23日，给湖南人民出版社龚绍忍写信，告之给马敬文曾写信关于从稿费中扣钱给家乡寄钱之事。

本月，《外国戏剧》发表了他的《关于〈阿达拉〉》一文，尽管他对夏多布里昂（夏为巩固法国天主教的势力效力）颇有微词，但是却很客观地评价了他的文学创作。

8月

1日，携妻及外孙、外孙女同去北戴河游玩十天。回来后，写了散文《北戴河的十天》（未发表）。

9日，完成《夏衍的文学历程·序》，其中写道：

夏衍同志处在毛泽东时代，有苏联建国的前例，有马、恩的著作指南，他很快就成为一个无产阶级战士，成为一个进步的文艺作家，而且是一个多面手，这是一般作家所望尘莫及的。他是国民党的死敌，而没有被捕过，他的性命是党和他本人的机智、勇敢和善于应付利用局势所挽救的。没有一个朋友出卖他。谁也想不到他在十年忧患期间，关了八年之久，出来的时候身心还都受到损害！

……夏衍一生……读者可能因人而异，意见有同与不同，我们不能强求一致，也不必强求一致。但是任何人不能否认《包身工》与《上海屋檐下》的重要历史意义，它们和其他作品一样，将分别在各自的类别史上占有光辉的一页。

14日，得知华铃当年不来北京了，给华铃写信，深表遗憾。

中旬，携照相机，兴致勃勃到邻近的臧克家住处，热情邀友合影。不几日，由维楠将两人合影送给臧克家。（收在《臧克家回忆录》一书中）

23日，再给湖南人民出版社马敬文写信："又，稿酬请拨2000元给运城县县委书记严谦同志办岐山学校，不知是否寄出。念念。"

本月，完成《丁西林和他的剧作》一文。

本月，上海译文出版社出版了他的译作《意大利遗事》（司汤达著）。

9月

1日，《人民日报》刊登《〈可口可乐〉看后》一文。

10日，应冯焕章（冯玉祥）家属的邀请完成了《缅怀冯焕章先生》兼《附记一》和《附记二》（没有发表）。

本月，经他精选的有关戏剧方面的诸多评论文，由中国戏剧出版社汇集出版，书名《李健吾戏剧评论选》，封面上有巴金的题字。

本月，应上海戏剧学院要求，为庆祝该校成立三十周年，他写了《实验剧校的诞生》一文，交给了在学院工作的当年的学生陈多，这篇文章被收录在校友集《横浜桥》中。

10月

2日，给任明耀写信告知外国文学理事会将在西安召开。

7日，李健吾拖着迈不开步的腿，去探访老舍夫人胡絜青女士，并留影。

19日，《外国戏剧》刊登了他的《作为剧作家的梅里美》一文。

19日下午，由老妻陪同，离开北京赴西安，参加中国外国文学学会第三次扩大会议。

20—27日，入住西安宾馆，平日参加会议安排的活动，抽空见老友。

28日，去医院看望清华老同学唐得源，两人合影。遗憾的是这次合影没有成功，照片曝光了。后搬出宾馆，住在唐得源家。

本月，《电影故事》上发表了《漫谈电影〈骆驼祥子〉》一文。

本月，去探访在他一生中始终支持他的叶圣陶老人，并留影。

本月，《山西师范学报》刊登《神秘主义与巴尔扎克》一文。

11月

2日，完成《忆秦川》和《西安行》（即《阳光普照古老西安》)，下午离开西安，乘火车赴成都。

3日，到成都，四川人民出版社的李侄（巴金的侄子）热情接待了他，参观了乐山大佛和都江堰。原打算去贵阳见老友——蹇先艾。蹇先艾知道后，在贵阳做好准备迎接他。可是，因为连日奔波，重感冒，冠心病加重，不得不终止西南行。

7日，写信给蹇先艾，告知不去贵阳了。

8日，离开成都，带病再去西安，补拍和唐得源的合影。

10日，离开西安。

13日，抵达北京。

20日，维音看见他立在屋子中间咳嗽，还喘得厉害，推车送他到北京医院干部处看病。医生给他做了心电图，一位年轻的女医生头也没抬地说，没病。既没有量血压，也没有对心脏听诊，维音只好送他回家。

22日，给宋维州写信说，收到了他翻译的埃尔维·巴赞的《结婚登记所》。宋维州希望李健吾能给校对一遍，李健吾回答："刚从西安回来，事情很多，需要排队，但是一定排在队里。"

23日上午，与戈宝权一起去社科院参加会议；给萧乾复信，感谢他寄来的照片，提到巴金患病等事。

24日上午，给白文写信，说："已经拜读完了寄来的《新剧作》里的《一个美国朋友眼中的中国》。戏不好写，用七场就概括了埃德加·斯诺和新中国的种种，显然是下了大功夫的。"同时还指出了一个错误。此信没有来得及发出，是去世后由小女儿维永代为寄出的。改写《阳光普照古老西安》（正式出版时，由家属改名为《忆西安》)。

24日午后，与妻子一起用过午饭，两人一起分吃了一个梨。之后，妻子收拾完餐具，进屋午休，他则坐到桌前，提笔想写游川观感。写了几行，疲倦，坐进桌旁沙发。3点后，妻子午睡起来，发现他已闭目辞世。尤淑芬后悔得从此不和任何人分梨吃。

12月

他的突然去世惊动了文艺界，报上登了讣告，并在北京协和医院举行了遗体告别，周扬出席。骨灰盒安放在八宝山的公墓骨灰存放架上。他曾在1978年7月27日给朋友陈西禾的信中提到过：“我对死不害怕，已遗嘱家人，一、不开追悼会，二、不留骨灰，三、不上报。若无此人。此自然规律也。”他走了，他的妻子淑芬无奈地说，身后事都由不得他了。

附:参考资料

1. 李健吾:《李健吾文集》,北岳文艺出版社,2016年5月版。

2. 韩石山:《李健吾传》,山西人民出版社,2005年版。

3. 张新赞:《在艺术化与现实化之间——李健吾的文学批评》,知识产权出版社,2016年6月版。

4. 胡刚、刘玉凯:《李健吾生平和文学活动大事记》,载南京师范大学文教资料编辑部编《文教资料》1988年第2期。

5. 杨绛:《干校六记》,三联书店。

6. 徐士瑚:《李健吾的一生》,《新文学史料》1983年第3期。

7. 周立民:《不散场的戏》,《收获》2013年第3期。

8.运城市政协委员会文史资料研究委员会编《运城文史资料》(第一辑),1989年6月。

9.顾振辉编《凌霜傲雪岿然立——上海戏剧学院·民国校史考略》,上海交通大学出版社,2015年11月版。

10.顾振辉编《上海戏剧学院·民国史料汇编》,上海交通大学出版社,2015年12月版。

11.景定成:《李岐山行状》,《铁窗吟草》,岐山书店,1929年版。

12.霍子江:《辛亥革命在河东》,《运城报》1981年10月7日

—10日。
13.霍子江、洋深：《辛亥革命中的河东总司令——李岐山》，《山西师院学报》1981年第4期。
14.姜健、吴为公编《朱自清年谱》，安徽教育出版社，1996年版。

李健吾的作品和译作[1]（均为初版或初次发表）

作　品

《萤火虫》（童话）1923年，《爝火》创刊号

《出门之前》（剧本）1923年，《爝火》创刊号

《母亲的心》（小说）1923年，《爝火》第二期

《私生子》（剧本）1923年，《爝火》第二期

《献给可爱的妈妈们》（散文诗）1923年，《文学周刊》

《曾祖母是狼》（小说）1924年，《晨报·文学旬刊》第23号

《一个妇人的爱情》（小说）1924年，《晨报·文学旬刊》第29号

《工人》（独幕剧）1924年，《晨报·文学旬刊》第38号

《柳木匣中》（小说）1924年，《晨报·文学旬刊》第46号

《哨探兵》（小说）1924年，《晨报·文学旬刊》第47号

《饶恕》（书信体小说）1924年，《晨报·文学旬刊》第53号

《终条山的传说》（小说）1924年，《晨报·文学旬刊》第56号

《心底的呻吟》（散文）1925年，初载不详

《喜鹊》（散文）1925年，初载不详

---

①由于时间久远，许多散篇的初次发表时间难以查清，故有待进一步确定。

《邻花》（诗）1925年，《晨报·文学旬刊》第76号

《贼》（诗）1925年，《清华文艺》第1卷第3号

《多事的兄弟》（小说）1925年，《晨报副刊》第68期

《在黑暗里，没有分别的》（小说）1926年，《清华周刊》第26卷第3期

《一个妇人的堕落》（小说）同上（无期号），清华周刊社编

《翠子的将来》（独幕剧）同上

《关家的末裔》（小说）1926年，《晨报副刊》第1459—1461号

《私情》（小说）1926年，《清华文艺》第26卷第11期

《命运》（散文）1926年，《清华周刊》第26卷第12期

《关于中国戏剧》（评论）1928年，《大公报》

《西山之云》（短篇小说集）1928年，北新书局

《评梅先生及其文艺》1928年，《北平大学附属中学校友会会刊》

《悼评梅先生》1928年，《晨报副刊》

《中国近十年文艺界的翻译》（评论）1929年，《认识周报》

《一个兵和他的老婆》（中篇小说）1929年，岐山书店

《无名的牺牲》（短篇小说集）1930年，岐山书店

《坛子》（短篇小说集）1931年，开明书店

《心病》（长篇小说）1933年，开明书店

《梁允达》（话剧集）1934年，生活书店

《福楼拜评传》（外国文学评论）1935年，商务印书馆

《意大利游简》（散文集）1936年，开明书店

《以身作则》（话剧）1936年，文化生活出版社

《咀华集》（评论文集）1936年，文化生活出版社

《梵乐希文存》（评论文）1936年，《暨南学报》第1卷2期

《巴尔扎克的〈欧真妮·格朗代〉》（评论文）1937年，《文学杂志》第1期第2卷

《这不过是春天》（话剧集）1937年，商务印书馆

《新学究》（话剧）1937年，文化生活出版社

《关于导演》（上、下，戏剧理论）1938年，《星岛日报》

《关于剧评》（上、下，戏剧理论）1938年，《星岛日报》

《关于剧本》（上、下，戏剧理论）1938年，《星岛日报》

《母亲的梦》（话剧集）1936年，文化生活出版社

《希伯先生》（散文集）1939年，文化生活出版社

《十三年》（独幕剧）1939年，文化生活出版社

《撒谎世家》（改编剧）1939年，文化生活出版社

《演员和剧本——关于诵读》（论文）1939年，《剧场艺术》

《使命》（短篇小说集）1940年，文化生活出版社

《罗朗歌》（外国文学评介）1941年，《学林》第9辑

《法兰西演绎诗》（外国文学评介）1941年，《学林》第10辑

《咀华二集》（杂文集）1941年，文化生活出版社

《健吾戏剧集》（第1集）1942年，文化生活出版社

《信号》（话剧）1942年，文化生活出版社

《健吾戏剧集》（第2集）1942年，文化生活出版社

《黄花》（话剧）1945年，文化生活出版社

《花信风》（改编剧）1944年，世界书局

《喜相逢》（改编剧）1944年，世界书局

《风流债》（改编剧）1944年，世界书局

《不夜天》（改编剧，又名《金小玉》）1945年，美学出版社

《草莽》（话剧，后改名《贩马记》）1945年，文化生活出版社

《秋》（改编剧）1946年，文化生活出版社

《咀华二集》（改版，评论文集）1947年，文化生活出版社

《云彩霞》（改编剧）1947年，寰星书店

《好事近》（改编剧）1947年，怀正文化社

《切梦刀》（散文集）1948年，文化生活出版社

《青春》（话剧）1948年，文化生活出版社

《拉杂说福楼拜——答一位不识者》（论述）1948年，《大公报》

《从生命到字，从字到诗》（评论）1948年，《中国新诗》第二集《黎明乐队》

《清明小唱》（系列戏剧杂论文）1949年，《影剧日报》

《山东好》（报告文学集）1951年，平明出版社

《翻译笔谈》（杂文）1951年，《翻译通讯》第2卷第5期

《原只是一个货色》（相声集）1951年，平明出版社

《曙光照耀着戏剧文艺》（外国戏剧评论）1953年，《文艺月刊》

《科学对法兰西十九世纪现实主义小说艺术的影响

——纪念《包法利夫人》成书百年》（论文）1957年，《文学研究》

《古典文艺理论译丛·后记/编后记》1957—1958年，人民文学出版社

《司汤达的政治观点和〈红与黑〉》（评论文）1959年，《文学评论》第3期

《〈红与黑〉里的于连及其他》（评论文）1959年，《文学知识》第4期

《古典文学理论译丛·后记/编后记》1962—1965年，人民文学出版社

《雨中登泰山》（散文）1963年，人民文学出版社

《〈人间喜剧〉远景》（评论文）1978年，《文史哲》第2期

《巴尔扎克的世界观问题》（评论文）1978年，《文史哲》第4期

《巴尔扎克与空想社会主义者》（评论文）1978年，《文学评论》第3期

《人间喜剧的革命辩证法》（评论文）1978年，上海文艺出版社

《激情与巴尔扎克的创作方法》（评论文）1978年，《浙江学刊》第1期

《〈红与黑〉与法国复辟时期的修道会》（评论文）1979年，《外国文学研究》

《关于莫扎特和他的三个喜剧作品》（教学演讲整理稿）1979年，《戏剧学习》

《司汤达对圣西门"实业主义的抨击与〈吕西安·勒万〉"》（评论文）1980年，《春风译丛》1期

《戏剧新天》（戏剧评论集）1980年，上海文艺出版社

《李健吾独幕剧集》1981年，宁夏人民出版社

《一个隐微的生命——漫谈〈一颗简单的心〉》（评述）1982年，《阅读和欣赏》

《李健吾戏剧评论选》1982年，中国戏剧出版社

《李健吾剧作选》1982年，中国戏剧出版社

《外国文学研究集刊·法兰西十七世纪古典文艺理论》1982年，人民文学出版社

《李健吾文学评论选》 1983年，宁夏人民出版社

《李健吾创作评论选集》1984年，人民文学出版社

《李健吾散文集》1986年，宁夏人民出版社

译作

《邓肯·格雷》（诗，彭斯著）1927年，《清华文艺》第1期

《美丽的海蓝》（诗，无名氏著）1927年，《清华文艺》第2期

《给一个老鼠》（诗，彭斯著）1928年，《文学周报》第6卷

《为诗而诗》（论文，与朱自清合译，布拉德利著）1928年，《一般》4卷4月号

《诗与人生：一篇对话》（论文，埃尔顿著）1929年，《华北日报》

《诗人和卖艺的》（杂文，福楼拜著）1934年11月10日，《大公报》

《迷药》（小说，司汤达著）1935年，生活书店

《被遗弃的鱼儿》（诗，安诺德著）1935年，《北晨学园·诗与批判》副刊

《箱中人——西班牙故事》（小说，司汤达著）1935年，生活书店

《圣福朗旦斯考教堂》（小说，司汤达著）1935年，生活书店

《法妮娜·法尼尼》（小说，司汤达著）1935年，生活书店

《福楼拜短篇小说集》1936年，商务印书馆

《贾司陶的女住持》（小说，司汤达著）1935年，生活书店

《司汤达小说集》1936年，生活书店

《春天的门限》（散文，马歇尔·普鲁斯蒂著）1937年，《文学》第9卷1号

《圣安东的诱惑》（长篇小说，福楼拜著）1937年，生活书店

《爱与死的搏斗》（话剧，罗曼·罗兰著）1939年，文化生活出版社

《艺术与商业》（论文，福楼拜著）1940年，《大公报·文艺综合》（香港）第808号

《巴金——一位现代小说家》（评论，百里安著）1943年，《万象杂志》第三年5期

《包法利夫人》（长篇小说，福楼拜著）1948年，文化生活出版社

《契诃夫独幕剧集》1948年，文化生活出版社

《什么是一位经典作家》（评论，圣·佩甫著）1948年9月15日，《文风月刊》9卷3期

《可笑的女才子》（独幕话剧，莫里哀著）1949年，开明书店

《党·璜》（话剧，莫里哀著）1949年，开明书店

《吝啬鬼》（话剧，莫里哀著）1949年，开明书店

《乔治·党丹》（又名《受气丈夫》，莫里哀著）1949年，开明书店

《德·浦叟雅克先生》（话剧，莫里哀著）1949年，开明书店

《向贵人看齐》（话剧，莫里哀著）1949年，开明书店

《没病找病》（话剧，莫里哀著）1949年，开明书店

《三故事》（短篇小说集，福楼拜著）1949年，文化生活出版社

《底层》（话剧，高尔基著）1949年，上海出版公司

《仇敌》（话剧，高尔基著）1949年，上海出版公司

《怪人》（话剧，高尔基著）1949年，上海出版公司

《野蛮人》（话剧，高尔基著）1949年，上海出版公司

《瓦莎·谢列日诺娃》（话剧，又名《母亲》，高尔基著）1949年，上海出版公司

《头一个造酒的》（话剧，托尔斯泰著）1950年，平明出版社

《叶高尔·布雷乔夫和他们》（话剧，高尔基著）1950年，上海出版公司

《文明的果实》（戏剧集，托尔斯泰著）1950年，平明出版社

《光在黑暗里头发亮》（戏剧集，托尔斯泰著）1950年，平明出版社

《司汤达研究》（论文，巴尔扎克著）1950年，平明出版社

《浦罗米修斯被绑》（歌剧，艾斯基勒斯著）1951年，平明出版社

《落魄》（戏剧集，屠格涅夫著）1951年，平明出版社

《宝剑》（诗剧，维克多·雨果著）1952年，平明出版社

《贵族长的午宴》（戏剧集，屠格涅夫著）1952年，平明出版社

《单身汉》（话剧，屠格涅夫著）1954年，平明出版社

《巴尔扎克论文选》（评论集）1958年，新文艺出版社

《西方古典作家论现实主义和浪漫主义》（第二分册：法国部分）1959年，中国科学院外文研究所

《拉辛与莎士比亚》（论文，司汤达著）1962年，《文艺理论译丛》第8期

《莫里哀喜剧六种》（戏剧）1963年，上海文艺出版社

《情感教育》（长篇小说，福楼拜著）1980年，上海译文出版社

《意大利遗事》（长篇小说，司汤达著）1982年，上海译文出版社

《莫里哀喜剧》（4集）1982—1984年，湖南人民出版社

《莫里哀喜剧全集》（全四卷）1992年，湖南文艺出版社

后记

这里我所想表达的是感谢。

我长期从事完全绝密的、与原子弹有关的工作，父亲直到最后时刻也不知道我工作的性质和内容。因为成年累月地出差忙碌，又隔着行业，我介入父亲遗作的整理编辑工作是很晚的，所以能把这部《李健吾年谱》整理出版，首先要把功劳归于小妹维永。她在父亲逝世后，在完成《文艺报》编辑工作的同时，像大海捞针一样对父亲的遗著进行了细致的资料收集工作，为李健吾作品（创作文集和翻译文集）的出版打下了坚实基础。

说到维永的艰苦工作，就又必须提到父亲的一些当年在世的挚友：叶圣陶、柯灵、于伶、陈复尘等等，是他们几乎手把手地把维永领进了父亲工作的领域，让她学会了如何从茫茫大海中寻找父亲的作品。我对他们那一代人的真挚友情，是深有感触和满怀谢意的。

我首先要感谢的是韩石山先生，他的《李健吾传》是我进入父亲生活，特别是早年生活的“引路人”。为了完整地出版年谱，父亲的老家的运城博物馆和运城辛亥革命百年纪念主办方主动提供我爷爷和四爷爷的资料也是至关重要的。

李健吾的书信能够到手，要感谢的是父亲的一些老朋友和他们的后人，特别是他的一些早年的学生，如华铃、任明耀等等。他们听说要收集李健吾的书信，便把多年保存（这本身就不简单）的一封封信的复印件都整理寄给了家母。家母又不辞辛劳，在已经高龄的情况下，把相当一部分父亲的信件整齐地抄写出来，这主要是为了将来编者能够容易地辨识父亲晚年潦草的字迹。

出乎我意料的是，上海戏剧学院院长韩生和上海戏剧学院档案室在我冒昧地提出需要李健吾的相关资料和照片的要求后，认真地对待这项要求，并给寄了过来。我对他们是非常感谢的。

最意外的是，曾把父亲的文学评论作为自己博士论文研究对象的张新赞先生，在《李健吾文集》出版的最后时刻，找到了我，赠送了正式出版的他的论文，后面的附录是他花尽心血整理和核实过的《李健吾作品年谱》。这份年谱成了我最后完成这部书稿最重要的参考资料。我在这里向他表示无尽的谢意。

同时，感谢李文满（李卓吾的小女儿）、李养吾（李健吾弟）的夫人洪燕、我的弟弟妹妹、广西南宁的张琦以及北京外国语大学马晓冬副教授和她的学生孙少伟，他们在我编著过程中为我提供了大量的翔实资料。

父亲的生活创作持续了两个时代，其中很长一段时间处于动乱之中。父亲创作勤奋、作品繁多、活动面宽广，这使我要想对父亲有完整的了解，没有大家的努力，几乎是不可能的，这份年谱的完成也是不可想象的。我再一次在这里对所有人表示感谢。

李健吾的大女儿李维音

2015年9月28日